日本消費模式研究
(1945—2019)

日本の消費パターンに関する研究
(1945—2019)

呂文輝◎著

北京·旅游教育出版社

图书在版编目（CIP）数据

日本消费模式研究：1945-2019 / 吕文辉著. -- 北京：旅游教育出版社，2023.2
 ISBN 978-7-5637-4533-3

Ⅰ．①日⋯ Ⅱ．①吕⋯ Ⅲ．①消费模式－研究－日本－1945-2019 Ⅳ．①F131.347

中国国家版本馆CIP数据核字（2023）第005656号

日本消费模式研究（1945—2019）
吕文辉 著

责任编辑	贾东丽
出版单位	旅游教育出版社
地　　址	北京市朝阳区定福庄南里1号
邮　　编	100024
发行电话	（010）65778403　65728372　65767462（传真）
本社网址	www.tepcb.com
E - mail	tepfx@163.com
排版单位	北京旅教文化传播有限公司
印刷单位	北京虎彩文化传播有限公司
经销单位	新华书店
开　　本	710毫米×1000毫米　1/16
印　　张	11
字　　数	138千字
版　　次	2023年2月第1版
印　　次	2023年2月第1次印刷
定　　价	68.00元

（图书如有装订差错请与发行部联系）

前　言

消费是社会经济生活的一个重要领域。21世纪以来，随着全球化的进一步发展，消费日益成为全世界人们生活的主题。消费成为经济理论中一个非常重要的问题。消费模式是人们消费关系和行为规范的综合表现，能从总体上反映人们消费行为的主要内容和基本态势。

日本是经济大国，其国民消费、生活水平均在国际上达到了领先水平。1945年以来，日本从战争刚结束时国内经济畸形发展，到发展成为世界经济强国，其间国民的消费模式发生了翻天覆地的变化。中日两国互为近邻，自古以来就不乏多层次的交流，尤其是互相之间的经济往来。进入近现代以后，日本的经济发展阶段一直先于中国。虽然未来的路具有非常多的不确定性，但经济发展都是日积月累，在路径上有相似性，而消费模式随着经济的不同发展阶段会出现不同的变化。研究日本的消费模式有助于更好地了解日本社会的经济发展变化规律，也可以为我国提供相应的参考和借鉴，对我国今后可能出现的消费模式特点做出预见。

目前，国内外学者对日本的消费模式展开了各个层面的研究，为我们了解日本的消费文化、掌握日本社会的消费情况提供了大量有价值的参考。但是其中缺乏对日本1945—2019年间消费情况的回顾与梳理。1945—2019年是可供俯瞰分析的比较恰当的一段时期，这段时期日本的消费模式具备了可供研究的时间长度，现在进行回顾研究可以避免由于标本时间短带来的某些偏差。

本书研究的基本思路为，在明确消费模式研究范畴的基础上，以消费函数理论为理论基础，通过观察消费现象、消费行为和消费观念等的不同表现，总结日本在1945—2019年间，各个时期消费模式的特征，并分析形成这些消费模式的原因。具体的研究方法是，首先对相关概念和东西方消费理论进行梳理，确立研究消费模式的理论基础，然后运用实证分析和数据检验方法，描述 1945—2019 年间日本国民消费模式的变动趋势和特点，进而分析对日本国民消费模式变动产生影响的因素。本书先对从江户时代开始的战前消费进行研究，总结出传统的消费意识规范，接着将 1945—2019 年分为五个阶段分别进行考察，明确消费主体、消费内容、消费方式、消费规范等在不同阶段发生的巨大变化。

    本书用现有的消费理论解读日本消费模式，尚难以全面揭示其变化规律，研究有待继续深入。

吕文辉

2023 年 2 月

目　录

❶ 引　言 ··· 1
　1.1 研究背景和研究意义 ·· 3
　1.2 基本思路、结构及主要内容 ··· 7

❷ 消费理论综述 ··· 9
　2.1 消费模式的内涵 ··· 11
　2.2 西方重要消费理论研究综述 ·· 14
　2.3 日本消费理论研究评述 ··· 22

❸ 1945年前的日本消费社会 ·· 27
　3.1 江户时代的消费特点 ·· 29
　3.2 明治、大正、昭和初期的消费生活 ································· 34
　3.3 战争与消费 ··· 38

❹ 战后经济恢复阶段（1945—1955）的消费模式 ·············· 41
　4.1 战后经济恢复阶段消费模式的表现与特征 ························ 43
　4.2 战后经济恢复阶段消费模式的形成条件 ··························· 48
　4.3 战后经济恢复阶段消费结构的演变 ································· 51

❺ 经济高速增长阶段（1956—1973）的消费模式 ·············· 57
5.1 经济高速增长阶段消费模式的表现与特征 ················ 61
5.2 经济高速增长阶段消费模式的形成条件 ················ 74
5.3 经济高速增长阶段消费模式的演变 ···················· 79

❻ 经济低速增长阶段（1974—1986）的消费模式 ·············· 89
6.1 经济低速增长阶段消费模式的表现与特征 ················ 93
6.2 经济低速增长阶段消费模式的形成条件 ················ 105
6.3 经济低速增长阶段消费者意识的变化 ·················· 112

❼ 泡沫经济崩溃阶段（1987—1997）的消费模式 ·············· 119
7.1 泡沫经济崩溃阶段消费模式的表现与特征 ················ 121
7.2 泡沫经济崩溃阶段消费模式的形成条件 ················ 127

❽ 通货紧缩阶段（1998—2019）的消费模式 ·············· 131
8.1 通货紧缩阶段消费模式的表现与特征 ·················· 135
8.2 通货紧缩阶段消费模式的形成条件 ···················· 148

❾ 结　论 ··· 159

参考文献 ··· 162

1 引 言

1.1 研究背景和研究意义

日本是世界经济大国之一,其国民消费、生活水平一直处于世界前列。1945年以来,日本依次经历了战后经济恢复阶段(1945—1955)、经济高速增长阶段(1956—1973)、经济低速增长阶段(1974—1986)、泡沫经济崩溃阶段(1987—1997)和通货紧缩阶段(1998—2019)[①]。战后日本经济高速发展,国民拥有很高的生活水平。日本经济自20世纪50年代中期开始了持续长达30年的增长,被誉为"日本战后经济奇迹"。虽然泡沫经济崩溃阶段后经济增长一蹶不振,但不能因此否认日本在国际社会中的经济地位。国际货币基金组织公布的数据显示,2019年日本GDP为5.12万亿美元,位居世界第三;人均GDP为40 566美元,排名世界第27位[②]。日本从战争刚结束时国内经济畸形发展、国民经济疲惫不堪的局面,发展到世界经济强国,其间国民的消费情况也发生了翻天覆地的变化。

消费是社会经济生活的一个重要领域,它和生产、分配、交换一起构成社会生产总过程,使社会生产得以正常进行。生产、分配、交换、消费四个环节周而复始不断进行的过程,就是社会再生产螺旋式上升不断运行的过程,也就是国民经济循环。生产、分配、交换、消费各个环节相互衔接,平衡协调,使生产不断扩大,国民消费水平不断提高,即为国民经济的良性循环;反之,则为恶性循环。一般认为,国民经济的良性循环或恶性循环的枢纽点就在于消费,这是由消费在社会再生产中的地位和作用决定的。马克思说:"没有消费,也就没有生产,因为如果这样,生产就没有目的。"[③] 生产没有目的,为生产而生产,就会与消费脱节,"跟满足社会需要脱节的生产是会衰退和灭亡的"[④]。可见,离

---

① 经济阶段的划分并不是唯一的,本文采用杉浦裕晃在『日本経済を知る』(2014)一书中的标准。
② https://ecodb.net/ranking/old/imf_ngdpdpc_2019.html.
③ 马克思,恩格斯.马克思恩格斯选集:第2卷[M].中共中央马克思恩格斯列宁斯大林著作编译局,译.北京:人民出版社,1972:102.
④ 斯大林.苏联社会主义经济问题[M].北京:人民出版社,1961:60-61.

开消费，社会再生产就会遇到极大的困难，国民经济的良性循环也就无从谈起。

自资本主义社会进入大工业时代后，消费需求成为人们日常生活中最重要的需求。尤其是 21 世纪以来，无论是资本主义社会还是社会主义社会，无论是经济发达地区还是经济落后地区，随着技术的日新月异，全球化的进一步发展，消费日益成为全世界人们生活的主题，消费问题成为经济理论中一个非常重要的问题。

研究日本的消费情况有助于更好地了解日本社会的经济发展变化规律，国内外的学者纷纷对日本的消费展开研究。总体来说，目前中国国内对日本消费的研究集中在某一阶段的某个消费特点、某种消费文化或现阶段出现的新消费方式上。如王启云的《战后日本的消费调控》、张东刚的《战前日本政府消费支出变动的宏观分析》、袁仕正等的《日本经济高速增长时期的消费革命》、喻卫斌的《90 年代以来日本的消费调控及其启示》、唐书祺的《战后日本消费文化的历史变迁》、唐书祺的《近代日本社会大众消费文化的历史考察》、陈信康的《新产业革命对日本消费变化的影响》、许光的《日本"厌消费"特质分析及对我国消费规制的启示》、方圆的《回归家庭：日本消费趋向》、韩若冰等的《日本"御宅族"的行为方式及其消费特征》、韩若冰的《日本动漫角色与角色消费研究》、丁红卫等的《论日本青年消费行为与消费意识的变化》等。

在日本，对消费经济的研究也非常盛行。有的从消费者角度进行研究，如田村正纪的『消費者の歴史』（《消费者的历史》）、新仓贵士的『消費者の認知世界』（《消费者的认知世界》）、三浦俊彦的『日本の消費者はなぜタフなのか』（《日本的消费者为何如此顽强》）、岩本谕等的『消費者市民社会の構築と消費者教育』（《消费者市民社会的构建与消费者教育》）等；有的对消费欲望进行研究，如吉本佳生等的『禁欲と強欲——デフレ不況の考え方』（《禁欲与贪婪——通货紧缩下的思考方式》）、真嶋史叙的『欲望と消費の系譜』（《欲望和消费的系谱》）等；有的从消费和城市的关系进行研究，如速水健朗的『都市と消費とディズニーの夢』（《都市、消费和迪士尼之梦》）、John Clammer 的『都市と消費の社会学』（《都市和消费的社会学》）等；有的从不同时代的不同消费特点进行研究，如中泽明子等的『遠足型消費の時代』（《郊游式消费的时代》)、原田耀平的『ヤンキー経済』(《不良少年经济——消费的主角·新保守层的真面目》)、松田久一的『「嫌消費」世代の研究』(《"反消费"一代的研究》)、吉本佳生的『L70を狙え！—70歳以上の女性が消費の主役になる』(《以70岁以上的女性为目标——70岁以上的女性成为消费主角》) 等；有的对日本未来的消费经济做出预测，如三浦展的『日本人はこれから何を買うのか』(《日本人今后将会买什么》)、中原圭介的『これから日本で起こること』(《今后将在日本发生的事情》)、儿美川孝一郎等的《从青年消费行为看日本社会的未来形态——从勤奋走向优雅的平凡生活》等。

以上这些国内外学者对日本消费经济不同侧面的研究，为我们了解日本的消费文化、掌握日本社会的消费情况提供了大量有价值的参考。但是其中缺乏对日本1945—2019年间消费情况的回顾与梳理。回顾这一时期日本经济发展情况的研究不少，但相关的消费经济研究则不多。1945—2019年是可供俯瞰分析的比较恰当的一段时期，该段时期日本的消费模式具备了可供研究的时间长度，现在进行回顾研究可以避免由于标本时间短带来的某些偏差。

消费不仅是一个经济课题，也是一个社会和文化课题，有着非常宽泛的范畴。消费经济研究的基本内容主要包括消费需求、消费水平、消费结构、消费方式、消费行为、消费观念、消费市场、消费效果、消费模式等。

其中，"消费模式是人们消费关系和行为规范的综合表现，是从总体上反映人们消费行为的主要内容、基本态势和质的规定性，是指导人们进行消费活动，并对人们的消费行为进行社会价值判断的理论概括和依据。消费模式反映消费领域的主要范畴，反映人们消费生活中诸如消费需要、消费水平、消费结构、消费方式等各方面的基本内容和发展变化，是消费这个有机整体中一些带根本性的东西的综合表现，而不是各个组成部分的简单相加"[①]。因此，研究消费模式有很重要的意义，特别是在商品经济不断发展，人们的生活内容日益丰富的情况下，研究消费模式显得尤为重要。

通过查阅相关文献资料可以发现，国外并没有"消费模式"这一学术用语。1979年，我国著名经济学家尹世杰在《光明日报》上发表了一篇名为《加

---

① 尹世杰.中国消费模式研究[M].北京：中国商业出版社，1993：1.

强对消费经济的研究》的文章，自此拉开了我国学者研究消费模式的序幕。目前在可查阅的范围内，只有一篇研究日本消费模式的论文，为1991年彭明朗发表在《消费经济》上的《日本消费模式初探》。文中将日本的消费模式的主要特征总结为"低工资—高储蓄—高积累—高投资—高速度"，没有分阶段考察日本消费社会，也未对消费模式形成的原因进行分析。由此可见，对日本消费模式的研究尚属学界空白。

中日两国互为近邻，自古以来就不乏多层次的交流，尤其是中日之间的经济往来。进入近现代以后，日本的经济发展阶段一直先于中国。日本从第二次世界大战后开始经济重建，在1945—1970年的约25年间，GDP增速平均约为10%。1973年，日本的钢铁产量达到历史最高，随后开始停止增长，出现下降，预示着工业化的第一个阶段完成，经济开始转型，GDP增速也同步下降，进入中速增长阶段。1970—1990年的20年间，日本GDP平均增速处于5%的中速区间。1990年以后，日本GDP增速快速下滑，GDP平均增速只有0.8%。日本股市在1990年开始泡沫破裂，随后陷入漫长的熊市中。而我国自改革开放以来，GDP增速比较稳定，平均约为10%，我国目前工业化第一阶段也基本完成，重工业的代表——钢铁的产量屡创新高，产能过剩，增速放缓甚至停止增长。虽然未来的路具有非常多的不确定性，但经济发展都是日积月累，在路径上有相似性。而消费模式随着经济的不同发展阶段会出现不同的变化。例如，在日本高速经济发展期，由产业活动所排出的有害物质导致了四大公害病，严重危害了日本国民的健康，有些危害甚至是不可逆的。这让日本政府和国民认识到，不能一味追求经济的高速发展。日本政府和民间采取了一系列的举措，不仅改变生产方式，也改变人们消费模式中的陋习，最终重新带回了碧海蓝天。而我国现在正处于经济高速发展时期，国内生产总值节节攀升带来了空气质量的下降和水质的污染。因此在我国，人们的某些消费模式也亟待改变。而研究发达国家的消费模式演变，有助于我们在一个更开阔的视域下观照我国的消费模式，在参考、借鉴他国消费模式演变的基础上，对我国今后可能出现的消费模式特点做出预见。

1.2 基本思路、结构及主要内容

要研究消费模式,首先必须弄清楚消费模式的内涵、特点以及影响消费模式的因素。另外,消费活动跟消费者密不可分,所以本书拟从消费者的角度去解释消费行为,从而总结出消费群体在不同时期的消费行为特征。同时结合日本社会消费领域消费者应该遵循的规范和准则以及消费政策,对消费行为进行具体分析,从而总结出战后70多年来日本社会消费模式的发展历程,并对未来的消费模式做出合理的预测。

因此,本书研究的基本思路为:在明确消费模式研究范畴的基础上,以消费函数理论为理论基础,通过观察消费现象、消费行为和消费观念等不同表现,总结日本1945年以来各个时期消费模式的特征,并分析形成这些消费模式的原因。具体的研究方法是,首先对相关概念和东西方消费理论进行梳理,确立本书研究消费模式的理论基础,然后运用实证分析和数据检验方法,描述1945年以来日本国民消费模式的变动趋势和特点,进而分析对日本国民消费模式变动产生影响的因素,在影响因素的分析中主要依据大量数据和研究文献,以现代经济学理论为指导,在统计检验的基础上,注重总量分析和结构分析相结合,实证分析和规范分析、静态分析和动态分析相结合,重在实证性的长期动态比较分析。

全书的具体内容框架安排如下:全书共包含九章内容,除了引言和结论之外,正文由七章组成。

第2章是对消费模式及消费理论的总结和评述。这一章内容,将对消费模式等相关概念以及东西方消费理论进行梳理,以确立本书研究的理论基础。

第3~8章,阐述日本消费模式的演变。这部分是全书最重要的部分。消费模式的变迁受消费者、消费观念、消费政策、消费文化等各种因素的共同影响,因此需要分阶段考察消费模式。虽然本书主要研究的是日本1945年以来的消费模式,但1945年之后的消费模式必然会受到之前消费模式的影响。因此第 3 章首先将对日本战前和战中的消费社会进行分析。从第 4 章开始就进入主要研究内容——1945 年后日本的消费模式研究。根据日本 1945 年以来的经济发展状况，一般将日本经济的发展历程分为五个阶段：战后经济恢复阶段（1945—1955），经济高速增长阶段（1956—1973），经济低速增长阶段（1974—1986），泡沫经济崩溃阶段（1987—1997），通货紧缩阶段（1998—2019）。本书第 4~8 章将对这五个不同阶段日本国民的消费模式进行系统研究和梳理。

消费理论综述

2.1　消费模式的内涵

在引言中已经提到,"消费模式"这一概念是由我国的经济学家提出的。首先,所谓"模式","是从总体上表现一定事物的存在状态、运行程序和机制,反映这种事物的发展趋势和内在规律"[①]。对于消费模式的内涵,学者们有着不同的理解。周叔莲(1981)把消费的特征和量的规定看成消费模式,认为消费模式包括消费水平、消费结构、消费方式和消费趋势等;林白鹏(1987)认为消费模式是指一定社会在一定时期内居民消费的总体特征和量的规定性;杨圣明(1989)从消费体制去考察消费模式;周殿昆(2006)从国家或地区视角探寻适合国情特点和可持续发展要求的国家消费模式。

消费模式是指在一定生产力水平和一定生产关系下人们消费行为的方式、规范和质的规定性。具体来说,其内涵有三:第一,消费模式综合地反映消费领域的主要范畴、主要经济关系和人们消费生活的基本内容,是消费这个有机整体中一些根本性的东西的综合表现,而不是反映个别消费或其简单相加。第二,消费模式反映消费领域的本质联系、发展趋势和内在规律性。它不仅反映人们消费生活的主观愿望、要求和行为规范,而且反映人民群众消费生活的丰富实践,反映消费行为的正确方向和必然趋势,反映消费行为的运行机制和发展规律。第三,消费模式不仅是人们丰富的消费实践的总结和升华,而且是人们在消费升华方面的愿望和意志的集中体现。它应该反映国家对消费的基本政策和方针,反映国家对人们消费生活的基本要求和行为规范。总之,消费模式是人们消费关系和行为规范的综合表现,是从总体上反映人们消费行为的主要内容、基本态势和质的规定性,是指导人们进行消费活动,并对人们的消费行为进行社会价值判断的理论概括和依据。它不仅反映了人们消费行为的主要规范,而且反映了社会公共生活的准则。

---

① 尹世杰,蔡德容.消费经济学原理[M].修订版.北京:经济科学出版社,2000:293.

笔者认为，尹世杰教授的观点较准确、全面地反映了消费模式的本质和内涵界定，这也是本书中所论及的消费模式的概念内容。应当指出，消费模式反映一定时期内人们消费的基本特征，但消费的特征不等于消费模式本身。不能把一定时期人们生活消费的一些特征说成是消费模式本身。消费模式既反映人们消费生活领域的量和质的规定性，又反映消费领域各方面的物质利益及其协调发展。显然，上述学者对消费模式的定义虽然侧重点不同，但基本上都把居民消费过程中的绝大部分内容包含在消费模式当中。消费模式虽然不是全部消费内容的总和，但却反映了人类社会不同历史发展阶段和生产力发展水平下人们消费的内容和特征。

消费模式反映消费领域的主要范畴，反映人们消费生活中诸如消费需要、消费倾向、消费水平、消费结构、消费方式等各方面的基本内容和发展变化。

虽然学者们理解消费模式内涵的视角存在一定的差异，但其主要表现为三个方面：一是消费水平。消费水平有高低的差别，它在经济运行和发展过程中呈现不断提高和上升的趋势。二是消费结构。消费结构有完善和不完善的差异，它在经济运行过程中应不断升级，不断趋于完善。三是消费方式。消费方式则有合理与不合理、节约和浪费之分，调节经济运行应坚持倡导资源节约，杜绝铺张浪费，实施科学、合理的消费方式。

除此之外，由于消费需求是现代西方宏观经济理论中的基本范畴，也是现代宏观经济分析的一个基本工具，因此，本书将消费需求一并列入考察范围。同时，居民消费模式不仅受生产力发展水平的影响，也受生产关系的影响；不仅受经济因素的影响，也受上层建筑的影响。体制合理与否，在相当大的程度上影响消费模式的合理性。其他还有收入分配状况、中西消费文化、地域特征、消费运行机制、宏观经济发展战略等，均在不同程度上对消费模式产生一定的影响。

消费模式应该反映人们消费行为的主要规范，反映社会公共生活的准则。人类的消费活动，都不是脱离社会而孤立地进行的。消费者不仅是"经济人"，而且是"社会人"。在社会生活中，任何人都应该遵循一定的社会规范。马克思说："活动和享受，无论就其内容或就其存在方式来说，都是社会的，是社会的活动和社会的享受……只有在社会中，自然界才是人自己的人的存在的基础。"[①] 在消费模式中，应该反映国家对消费的基本政策和指导方针，反映国家对人们消费生活的基本要求和行为规范。这样，才能把人们的消费行为，引向合理的方向，那种认为"消费是个人的事情，消费模式不应该包括消费者的行为规范"的观点是没有根据的。

消费模式不仅反映人们消费活动的主观愿望、要求和行为规范，而且反映人民群众消费生活的丰富实践，是对这些实践活动的升华和科学概括。消费模式应该反映消费活动的正确方向和必然趋势，应该反映消费领域的内在规律。否则，也就不能称其为"模式"了。因此，那种认为"消费模式是人们对消费的人为规定，而不是人们消费实践的客观结果"或"消费模式不能反映消费领域的客观规律性"等观点，是没有根据的。

消费模式是对一定的社会经济形态下个体消费遵循的规范和准则及由此决定的消费特征的总体概括。可以说，消费模式决定和制约着人们的实际消费。消费模式的形成既受到经济因素、市场因素的影响，也与个体的消费习惯、群体的内在互动作用有关。消费模式的分析应从个体实际的消费行为及其影响因素的角度切入，这样才能真正发现决定消费模式的主要因素。一般认为考虑个体的消费行为即分析决定消费模式的微观基础，具有宏观特征和普遍规律的消费模式必须有其坚实的微观基础。

综上所述，消费模式是人们消费关系和行为规范的综合体现，是对人们的消费行为进行社会价值判断的理论概括和依据；它反映了人们消费生活中诸如消费需要、消费倾向、消费水平、消费结构、消费方式、消费习惯和消费体制等各方面的基本内容和发展变化。

[①] 马克思,恩格斯.马克思恩格斯全集：第42卷[M].中共中央马克思恩格斯列宁斯大林著作编译局,译.北京：人民出版社,1961：121-122.

2.2 西方重要消费理论研究综述

2.2.1 消费函数理论

消费需求是现代西方宏观经济理论中的基本范畴，也是现代宏观经济分析的一个基本工具。自20世纪30年代凯恩斯《就业、利息和货币通论》（1936）问世以来，这个范畴便得到了广泛的应用。古典经济理论中，有关消费经济问题的中心思想十分明确：提倡积累，反对消费，以促进资本主义生产的扩大和国民财富的增加。这反映了资本主义生产方式确立时期古典学派对消费需求的看法。以马歇尔、瓦尔拉斯和庇古等人为代表的西方经济学中的新古典学派，以萨伊定律和边际主义为基础，以自由竞争和充分就业为假设前提，首创了"需求理论"。凯恩斯《就业、利息和货币通论》一书的问世标志着西方宏观经济理论的形成。凯恩斯根据"边际消费倾向、资本边际效率和灵活偏好"三大基本心理法则，提出"有效需求"概念，建立了宏观经济分析的总需求理论。而消费需求理论则是其重要组成部分，构成了凯恩斯宏观经济理论的核心。"二战"结束以后，西方消费需求理论有了长足的发展。消费问题成为当代经济学家们长期持续关注和研究的专门领域，并逐渐形成了完善的理论体系。具有代表性的消费函数理论有：凯恩斯的绝对收入假说、杜森贝利的相对收入假说、弗里德曼的持久收入假说和莫迪利安尼等人的生命周期假说等。

2.2.1.1 绝对收入假说消费理论

凯恩斯是现代经济学最有影响力的经济学家之一，他在《就业、利息和货币通论》中最先提出了绝对收入假说消费理论，并详细探讨了消费与收入之间的关系。凯恩斯把收入（所得）看作是影响消费的重要客观因素之一，认为

"一般而论，当所得增加时，人们将增加其消费"①。凯恩斯的绝对收入假说理论认为，从短期来看，收入与消费是相关的，即消费取决于收入，消费与收入之间的关系也就是消费倾向。同时，随着收入的增加消费也将增加，但消费的增长低于收入的增长，消费增量在收入增量中所占的比重是递减的，也就是我们所说的边际消费倾向递减，这种理论被称为绝对收入假说。概括起来，绝对收入假说的核心是消费取决于绝对收入水平，以及边际消费的倾向递减。

2.2.1.2 相对收入假说消费理论

美国经济学家杜森贝利提出了相对收入假说消费理论，并在《收入、储蓄和消费行为理论》一书中进行了详细阐述。杜森贝利以经验和心理分析为依据，对凯恩斯消费理论中的消费独立性和时间可逆性的假设进行了修正，在此基础上提出了相对收入假说消费理论。该理论认为：

（1）消费和过去的高峰收入有关。首先，高收入人群所进行的高消费不会因为收入的减少而马上大幅削减。因此，杜森贝利认为决定当前消费的因素除了现期收入，还有过去的高峰收入。他将这两个要因导入说明消费的方程式中，成功地说明了现实生活中的消费行为。这就是说，消费容易随着收入的增加而增加，但难以随收入的减少而减少。相对收入假说消费理论的核心思想揭示了消费的"棘轮效应"，即人的消费习惯形成之后有不可逆性，即易于向上调整，而难于向下调整。尤其是在短期内消费是不可逆的，其习惯效应较大。这种习惯效应，使消费取决于相对收入，即相对于自己过去的高峰收入。消费者易于随收入的提高增加消费，但不易于随收入降低而减少消费，以致产生有正截距的短期消费函数。即消费者的短期消费支出是在过去消费习惯和消费水平的基础上随着收入水平持续增加的。

（2）消费受到周围消费者的影响。过去的消费习惯、消费水平决定了消费者当期的自发性消费支出，除了来自"棘轮效应"的影响外，这种自发性消费支出还受到"示范效应"的影响。所谓"示范效应"是指消费者已经形成的消费习惯和消费水平除了受之前收入水平的影响以外，周围消费者的消费习惯和

---

① 凯恩斯．就业利息和货币通论［M］．北京：商务印书馆，1963：84-85．

消费水准也会对其产生重要影响。

"示范效应"的意义在于，消费者的攀比心理使得短期内社会总消费支出随着社会平均收入的提高而整体向上移动。特别是低收入者因攀比心理、提高社会相对地位的愿望等因素而使自身的消费处于和收入不相称的较高水平，在社会收入增多的情况下自然就提高了短期消费水平。

2.2.1.3 持久收入假说消费理论

持久收入假说消费理论由曾获诺贝尔经济学奖的美国著名经济学家弗里德曼于1956年在《一种消费函数理论》中提出。弗里德曼将人们的收入分为两种，一种是暂时性收入，另一种是持久性收入。与之相适应，消费也应该区分为暂时性消费和持久性消费。暂时性收入是指瞬间的、非连续性的、带有偶然性质的现期收入，如工资、奖金、遗产、馈赠、意外所得等；而持久性收入是与暂时的或现期的收入相对应的、消费者可以预期到的长期性收入，它实际上是每个家庭或个人长期收入的一个平均值，是消费者使其消费行为与之相一致的稳定性收入。至于这个持久期限究竟长到何种程度，弗里德曼认为最少应是三年。

持久收入假说消费理论认为，消费者的消费支出不是由现期收入决定的，而是由持久收入决定的。也就是说，理性的消费者为了实现效应最大化，不是根据现期的暂时性收入，而是根据长期能保持的收入水平即持久收入水平来做出消费决策的。消费者的持久收入是指可以预计到的长期性收入。持久收入假说揭示了"消费函数之谜"，解释了消费者在做出消费决策过程中普遍存在的心理，即收入在短期内上升或下降时，消费者并不能确信这种变化是永久性的，因此并不会马上调整其消费支出，消费在短期内不会随着收入的变化做出上升或下降的快速反应。但是如果收入的变动一旦被证明是持续性、永久性的，那么人们就会重新计算自己的持久收入水平，并在新的变化后的持久收入水平上，重新调整自身的消费支出。

2.2.1.4 生命周期假说消费理论

著名经济学家莫迪利安尼、布伦贝格和安东共同提出了生命周期假说消费理论。他们在传统消费者选择理论基础上，将消费者消费支出的决策时间跨度扩展为整个生命周期，即消费者根据其整个生命周期内所拥有的财产和预期收入来决定其每期的消费支出。生命周期假说消费理论是在单个消费者预期正常收入的约束条件下求效用函数最大值来推导消费函数的，也就意味着消费者在整个生命周期内的消费达到了最佳配置，并按此最优配置方案计划自己的每期消费支出。

生命周期假说消费理论对于解释社会总体储蓄与消费的变化具有重要意义。通常情况下，如果社会上年轻人和老年人在总人口中所占的比例增大，那么社会消费倾向就会增强；如果社会中中年人口在总人口中所占的比例增大，则社会消费倾向就会减弱。因此，生命周期假说消费函数得出的一个重要结论就是，人口的年龄结构分布会对社会总储蓄和总消费产生不同程度的影响，当社会中更多人处于消费年龄时，就会使得社会总消费规模大幅度增长，反之就会出现净储蓄上升的现象。生命周期假说消费理论在整个生命周期内分析了消费者的消费决策问题，并进而推导出了消费者基于理性选择结果的消费函数，因此长期消费函数具有稳定性。但是，从生命周期假说消费函数的表达式可以看出，价格波动在短期内会对现期实际收入和财产性收入产生影响，从而会使其短期消费函数出现波动，这最终解释了"消费函数之谜"。

2.2.1.5 消费函数理论述评

经典消费函数理论中包括短期分析和长期分析，在消费理论不断完善的过程中体现了理论脉络的继承性，即单个消费者的前向预期决策贯穿整个消费理论发展过程，理论体系的完善则主要体现在前向预期决策的时间跨度上和对收入以外影响要素的剖析上。因此，经典消费理论至少具有三个方面的共同点：一是消费者的决策不仅仅依赖于现期收入水平，而是倾向于在持久收入或一生的预期收入水平上做出消费决策；二是短期边际消费倾向远远小于长期边际消费倾向，一次性短暂的收入波动变化不会引起消费支出的较大改变，而来自持久性收入的变动则会极大地促进消费支出；三是只有永久性政策才可以有效地影响消费，即政府临时性的税收政策变化只影响到消费者的短期收入，并不会提高或降低短期消费水平，而只有永久性政策对消费者持久性收入产生影响时才可以发挥政策对消费的明显效果。

经典消费函数理论体现的是经济学中的效用论,揭示了消费者在进行消费时所做出的不同理性选择结果。但是经济学理论通常是适应经济社会发展实践而产生的,实践往往要超前于理论发展,那么消费理论本身也将面对新的经济社会发展实践而不断地进行修正、发展、深化与完善。近年来针对西方经济社会的新变化,最新的消费理论研究已经通过不确定分析对持久收入假说和生命周期假说进行了扩充和发展,典型代表包括随机游走假说、预防性储蓄假说和流动性假说等新的消费理论。这些消费理论依然是对某一经济特定发展阶段的特征进行总结和描述而得出的,并不具有普适意义。而在实际中,在不同背景和不同条件下,研究得出的结论也可能存在很大差异,因为不同时代、不同国家、不同经济发展水平、不同制度下人们的消费心理等也是不尽相同的,而且往往存在较大差异,那么消费函数也就必然不同。因此,我们对消费函数理论的分析以及在对不同国家或地区做实证研究的过程中还必须考虑区域的特点,包括生活习惯、文化习俗、收入分配等外在因素对消费的影响,正是基于这些外在因素的考虑才能使我们对不同国家或地区的消费研究得出更深层次的结论,也能更好地契合于实际情况。

2.2.2 凡勃伦《有闲阶级论》(1899)

在西方学者中,最早对消费社会有论述的学者是美国制度经济学家、制度经济学创始人托斯丹·邦德·凡勃伦(Thorstein B. Veblen)。在1899年出版的《有闲阶级论》一书中,他首次提出了"炫耀性消费"和"代理消费"的概念,对中世纪以来有闲阶级的生活和西方消费社会的形成进行了论述,为现代西方消费社会理论奠定了基础。

他用庸俗进化论和心理学的观点来解释经济生活和人们的消费。他在《有闲阶级论》一书中分析了有闲阶级这种特权阶级为何会进行过度消费的问题。

有闲阶级是一个经济学名词,指有资产,不需要拥有固定职业,生活休闲,以社交娱乐为主的阶级。有闲阶级在心理上与劳动阶级不同,他们处处要彰显自己的优越地位,他们不仅要过着有闲的生活,而且要通过生活方式的炫耀来显示自己的阔气。在凡勃伦生活的时代能享受消费的仅限于一小部分有闲阶级，他们就算不劳动也生活无忧，可以说消费就是他们的使命。

凡勃伦在《有闲阶级论》一书中探讨了从服饰、运动、学术、教育到宗教信仰等社会方方面面的现象，并由此总结出有闲阶级具有有钱、有闲、消费主义和保守倾向等特征。他们进行"炫耀性消费"，并避免从事有用的"生产性劳动"。生产与非生产是界定有闲与非有闲的标准，而对于财富的炫耀程度即是衡量有闲能力的大小。成为有闲阶级的前提是拥有能够满足避免生产性活动的浪费性消费的最低程度的能力，也就是说，金钱的拥有量是有闲阶级存在的基础。在一定的财富累积下，人们会因内在的自远古遗传下来的侵占、竞赛心理而进行炫耀性消费，消费的唯一目的是获得荣誉与自尊心。有趣的是，被定义为有闲阶级的那类人，为了进行较为成功的有闲炫耀，往往依托于一定的方式，也就是借以妇女为代表的包括仆役的次一级"代理有闲人"的明显有闲和明显消费来体现。很显然，通过从属的妇女和仆役的有闲来反映其一家之主的有闲的方式要比有闲阶级自身进行礼仪与学识修养的训练好得多。这种较为间接的有闲炫耀，当然要求代理有闲和代理消费的妇女和数量众多的仆役远离生产性活动，这样做的结果是，有闲被放射性地远距离传播了。

凡勃伦通过对日常生活的仔细观察，把一般行为提炼到理论高度，并巧妙地论证他的观点。他认为制服的产生是针对性的有闲炫耀，装饰品、豪华宴会、服饰以及对于住宅的设计和对特殊动物的驯化无一不展示着有闲阶级的金钱地位。运动比赛的盛行是有闲阶级对掠夺、好斗等远古遗传性格的复归。高级学识亦是金钱文化的一种表现，有闲阶级青睐的往往是古典学，而对于实用知识避而远之。凡勃伦尤其强调历史的联系性，将其总结为"思维习惯"或"精神状态"。有闲阶级产生的影响是，将原本局限于有闲阶级内的攀比之风渗透到了整个社会中，每个阶级都竭力模仿上层阶级的生活方式，这就是"攀比""炫耀"。其中体现出了消费功能的异化。即消费原本是满足人们需要的手段，但是在有闲阶级看来，消费却是帮助自己展示财力与地位，用来满足自己欲望的最好工具。

《有闲阶级论》一书通过对社会现象、消费行为、消费心理的剖析，说明了习惯、文化和制度是如何塑造人类行为，以及人类的行为是怎样影响经济的。

而炫耀消费这种行为在哪个社会中都是存在的。消费能使个人得到满足，因此一般认为消费是一种个人行为，但消费只有在影响到他人时，它的作用才算得到了彻底的发挥。凡勃伦正揭示了这样一种道理。他认为消费的价值不只在于拥有消费品的满足感，更在于向他人展示自己所拥有的消费品。由此可见，消费理论中从此不仅渗入了社会学因素，而且有更多的主观心理因素了。后来的西方经济学著作在这方面体现得越来越明显。

2.2.3 桑巴特《奢侈与资本主义》（1922）

桑巴特是德国社会学家，思想家，经济学家。他在《奢侈与资本主义》一书中描写了贵族阶级没落、新兴暴富商人登场时期欧洲的消费状况。这一时代的特点是"骑士阶级的衰落、贵族的城市化、绝对统治的产生、艺术和科学的复兴、社会风度的培养、巨额财富的积累"等。

桑巴特介绍了15、16世纪欧洲宫廷的生活方式及其特点。宫廷生活方式的构成要素是相互联系的两个方面：奢侈和女人。宫廷生活方式的重要性在于其成为世俗生活的一个典范，成为世俗成功者实现其理想生活价值的示范。可以想见，随着资产阶级的产生，需要一个生活价值的实现渠道，需要一个提升社会地位、显示社会身份的渠道，宫廷的生活价值标准可以成为其中的一个选择。女人对资产阶级而言，其意义的丰富性可能在于：财富和成功的炫耀、社会地位的提升、社会身份的认同。

桑巴特还界定了奢侈及其性质的理论意义，概括了奢侈作为一种生活方式的演进路径，分析了奢侈发展的经济影响。桑巴特将奢侈定义为"任何超出必要开支的花费"。他通过对宫廷生活方式的深入剖析，将奢侈与女人——女人消费和消费女人——结合起来。宫廷消费模式——奢侈性消费；奢侈性消费的实现形式——性和女人。可以将宫廷理解为世俗生活的最高境界，在那里，权力、财富、地位、荣誉等达到了世俗追求的极致。宫廷生活方式对社会的渗透是通过模仿，通过骑士和暴发户借助于女人消费和消费女人来实现的。在桑巴特看来，新兴的资产阶级贵族积累财富的动机来自对贵族奢侈生活方式的向往。当其通过财富积累具备奢侈消费的物质基础后，生命意义的实现就是奢侈消费本身。

这些新兴的资产阶级贵族原本居住在郊外，但随着产业化的发展，郊外的大气污染问题日益严重，为了追求良好的生活环境，他们搬到了市中心。结果导致人口向城市集中，"消费城市"得以诞生。在消费城市中，人们互相攀比奢侈的生活，不少人被迫为了面子想尽办法筹钱进行奢侈消费。消费似乎只是为了攀比，而渐渐失去了本来的意义。而让这种竞争陷入白热化的是性和女人。不仅限于宫廷，在一般城市中为讨女性的欢心，男人们竞相攀比奢侈之风。桑巴特将注意力放在人们为何如此热衷非理性消费，为何要进行奢侈消费上，并认为其原因是城市化的发展和性生活的开放。

2.2.4 加尔布雷斯《丰裕社会》（1958）

凡勃伦的《有闲阶级论》和桑巴特的《奢侈与资本主义》观察的都是富足阶级的消费情况，而加尔布雷斯在《丰裕社会》中描述的则是"二战"后大众消费社会中的消费状况。他认为在战后的经济复兴中，由于供大于求，人们时时都在担心会失去工作，因此消费需求极有可能会减少。他同时指出这种消费需求的消失是之前的经济学理论所没有设想到的，但消费需求的消失同时也是现代社会最大的风险。《丰裕社会》研究的课题是，"在过剩的情况下该如何消费"，以及"在过剩中该如何工作"。

他强调财富发展的同时要注意社会均衡发展，提出效率与社会公正的平衡力量（countervailing power），政府要提供住房、教育、交通和社会福利等公共设施。他放弃传统经济学深奥的术语和数学曲线，在价格、利润与供求问题之外，提供了一丝温暖的人文关怀，指出"如果空气脏得难以呼吸，水被污染得难以饮用，道路混乱，学校差得让学生不愿上学……"，那么这样的GDP增长毫无意义。

书中还提出了一个矛盾，即"私人的富足和公共的污秽"。意思是说，美国市场上虽然充斥着各种个人消费品，但是社会服务却相当贫乏，这是一种社会的不平衡。在这样的社会中人们是不会感到真正的富足的。他认为平衡的社会一定是"公共设施和私人消费品同时发展的社会"。他提倡为改变这种不平衡的状况，应将社会重心从消费转为生产。而真正富足的社会应该给所有求职者以工作岗位，并且提供"令人愉悦的劳动条件"，他认为，"对于劳动者来说，拥有愉快的劳动条件和拥有愉快的家庭同等重要"，"即使没有愉快的家庭，也不能缺少愉快的劳动条件"。同时，他将认为工作愉悦是理所当然的那部分人称为"新阶级"，并期待他们的出现。

2.3 日本消费理论研究评述

2.3.1 藤冈和贺夫《再见，大众——如何解读感性时代》（1984）

加尔布雷斯对物质丰富的大众消费社会出现的问题进行了论述，而日本到20世纪80年代才达到物质的极大丰富。另外，2014年日本内阁府的《国民生活舆论调查》显示，对于"你更重视物质丰富还是精神丰富"一问，到1979年为止，还是回答"物质丰富"的人多，而1980年，回答"精神丰富"的人数量出现了反超。对于这种时代意识的变化，藤冈（1984）认为日本已经迎来了一个非物欲而更重视精神追求的时代。藤冈（1984）还注意到日本人开始追求与众不同的商品，比如1981年发售的本田城市系列汽车就以其"底盘低、车身长、车座高、车价贵"而备受青睐。这种和他人之间的差别化消费不仅体现在汽车这种昂贵的商品中，还体现在其他商品中。比如，1983年"无印良品"刚开业时，仅仅100平方米的门店月销售额就高达2500万日元。藤冈（1984）又提及人们虽然追求个性，"但是不希望独自一人，希望有同伴"，然而如果"跟大多数人一样又会更让人感到不舒服，最终'小众'增多。'小众'最让人身心愉悦"。

20世纪80年代，是日本消费理论百花齐放的时期。藤冈（1984）将那些脱离大众、追求个性的人称为"小众"。1985年博报堂生活综合研究所也注意到了同样的消费现象，并将其命名为"分众"[①]。标志着日本由消费者拥有同样的消费需求，以家庭为单位进行消费的时代，转变到每个消费者按照个人爱好

---

① 广告用语，意为分割了的大众。原为千篇一律的"大众"已开始分化成为各具个性的实体，因而需要有与此相适应的市场。是1985年日本首创的新词。

选择消费品的时代。

虽说个人已成为消费主体,但这里的个人也并非完全意义上的个人,这里的个人消费是指为了向志同道合的小团体中的同伴显示自己的特征、彰显自我而进行的消费,这时消费是一种彰显个性的符号。小众的特点是,消费并不完全在个人内部完成,而是小团体之间互相分享消费的结果。这和凡勃伦提出的"炫耀性消费"有异曲同工之妙。

2.3.2 山崎正和《柔软的个人主义的诞生》(1984)

20世纪80年代的消费理论中,最充实的应该是大阪大学教授山崎正和在1984年撰写的《柔软的个人主义的诞生》一书了。在20世纪60年代,东京奥林匹克运动会引发了以首都高速公路为首的城市开发,而1970年大阪万博的筹备工作则带动了整个日本经济的发展。石油危机和公害使20世纪70年代变得灰暗。山崎认为80年代是"黑暗的70年代"的延续,80年代告别大众时期,进入了个人主义的时代。但这种个人主义并没有形成欧美式的拥有自我价值判断标准的个人,而是诞生了在意他人的意见和脸色,需要靠周围人的赞同确定自己的判断的"柔软的个人主义"。"柔软的个人主义"和小众、分众、阶层化一样都是较小消费集体的别称。他认为在日本的消费社会中消费个体之所以不能拥有明确的自我标准,是因为消费者"完全不知道自己需要什么",但是消费者同时又有消费的欲望。消费者对自己选择的消费不自信,需要获得他人的"认可"。山崎指出,消费原本是为了比他人拥有优越感而进行的活动,但是20世纪80年代的消费者却在依赖他人的认可中进行消费活动。"柔软的个人主义"从表面看消费的主体从大众转为个人,但在实际消费中,对消费者来说,获得他人和社会的认可十分必要。

2.3.3 堺屋太一《知价革命》(1985)

藤冈(1984)在《再见,大众——如何解读感性时代》中捕捉到的特点,堺屋太一(1985)在《知价革命》中也提到了。在20世纪80年代之前的日本消费社会中,人们购买商品是追求其商品的功能。这是一种石油文明的价值观,认同"大规模经济"的价值。规模经济追求规格化、大型化、高速和省力。但是进入20世纪80年代之后,由规模经济的价值观变为"轻、薄、短、小"的价值观。该价值观体现出了省力、多样化和信息化等特点。而具有这些特点的不是具体的物品,而是"智慧"。

堺屋太一(1985)通过对历史进行考察后认为,日本人认为对于存量过剩的物品要大量使用,而对于存量不足的物品要有节约意识。这体现出了日本人的"审时度势"。战后,日本得以廉价地进口大量石油,因此那时使用石油发展日本社会是正确的,由此日本迎来了工业化的经济高速增长期。但是石油危机出现后,石油价格高涨,"从70年代后期开始到80年代这一短短的期间内,整个社会都感受到了资源的有限"。从1972年出版《增长的极限》以来,学界就一直提出资源枯竭的问题。于是"审时度势"的日本人就将注意力转移到了比石油更取之不尽用之不竭的"智慧"和"信息"上了。这就是堺屋太一提到的"知识价值革命",这是一个知识的价值成为经济增长和资本累积源泉的时代。人们对使用"有限的资源"怀有罪恶感,于是开始更多地消费信息。正如前面提到的,2014年日本内阁府的《国民生活舆论调查》中显示,1980年崇尚精神丰富的人数超过了传统的崇尚物质丰富的人数。堺屋太一所说的日本人善于"审时度势"暗示着消费对象是可以改变的。消费一般指向当下较为丰富的东西,有些时代是物质消费,而有些时代则是精神消费。这种改变和某个个人的爱好没有关系。堺屋太一进一步提出,在选择消费商品时往往伴随着"心理成本",这些成本不仅与金钱有关,还与"消费所需时间,进行消费带来的社会评价"等有关。因此,在决定消费时人们往往"依赖于各自归属的集体"。需要引起注意的是,人们在选择消费时不再依靠个人内心的欲望,而是更多地依赖外部的社会评价。消费不仅是个人行为,更需要确认他人和社会的标准。

2.3.4 小泽雅子《新"阶层消费"时代》(1985)

藤冈(1984)认为20世纪80年代流行风潮渐渐消失。小泽雅子(1985)也认为20世纪70年代消费者的消费需求无限大,企业只要一出新商品,消费者就会买单,但是进入80年代形势逆转,消费者很难轻易为新商品买单。她认为,消费行为只有在消费需求和购买力二者兼备的情况下才能具体得以实现，有必要从这两个视角探讨消费问题，并认为消费社会会从"依靠设备投资和出口的高速增长"向"消费主导型的中速增长"转变。

小泽雅子（1985）提出了关于人们进行消费的理由的三个假说。第一个是"消费性欲假说"，即消费和食欲、性欲一样都是人的本能，是永远都满足不了的。第二个是"高感度人假说"，即消费需求存在个体差异，敏感的人会引领其他人的消费。第三个是"消费饱和假说"，即消费者原本就拥有有限的消费需求，当消费需求得到满足，就不会再有想购买的商品了。并且她认为20世纪80年代前期出现的消费低迷就是这个原因导致的。

小泽雅子还进一步论述了消费根源的发展演变过程。20世纪70年代末，由于基础耐用消费品基本得到普及，因此传统的以家庭为单位的消费渐渐被个性化消费取代。这意味着可自由支配收入的增加带来了消费的增加。相信自我判断能力的消费者能够因可自由支配收入的增加而享受个性化消费，但是这一时期的消费者往往自我意识淡薄，对判断缺乏自信，因此不能充分享受个性化消费。因此，消费者拥有"小团体意识"，并显示出"相比于大商业街，更喜欢小商业街"的倾向。小泽雅子指出这个时代的消费者具有明显的"他人意识"。"只实现了自身的消费需求，并不能让消费者获得极大的满足。只有当消费者确认自身的消费水平在可比较的范围内不逊色于他人时，消费者才能获得真正的满足"。这可以说是人们崇尚名牌的理由。"日本的消费者总是在归属意识和自我需求之间左右摇摆"。小泽雅子还提及了消费行为中，他人存在的必要性。

小泽雅子试图分析进入20世纪80年代后消费低迷的原因。高速经济增长期后日本迎来了经济低速增长期，人们的可自由支配收入没有增加，商品向大型化、多功能化发展，越来越高级。消费者不可能购买所有商品，在购买时就要有所取舍。这也被认为是引起消费低迷的原因。

小泽雅子还根据资产将消费者划分成不同的阶层，指出不同阶层拥有不同的消费风格。她指出获得房产的时期不同导致工薪阶层之间产生资产差距。至此，日本的中流意识开始崩塌。对产生资产差距的原因进行分析发现，与地域、收入相比，金融资产中的消费支出额和购买单价的影响力更大。在大众消费时代由于购买的消费品都是生活所需，因此消费者的需求类似。但是到了个人消费时代，消费程度更高，再加上资产差距，消费越来越呈现出差异化的趋势。

2.3.5 三浦展《第四消费时代》（2012）

2000年以后的消费理论，与之前讨论当下消费的消费理论不同，开始回顾过去的消费史。消费社会的研究者们开始研究战后日本消费社会的概况，通过将日本的消费社会分成几个时期，总结其特点来比较研究现今的消费。

三浦展（2012）在《第四消费时代》中，将江户时代到战后70年的时间分为四个阶段进行论述。第一消费时代（1912—1941）为现代意义上的消费社会时代，主要的消费集中在城市中的百货商店和宝冢歌唱队，只有10%到20%的中流阶级进行消费；第二消费时代（1945—1974）是城市居民大量消费以耐用消费品为代表的量产商品的大众消费时代；第三消费时代（1975—2004）为石油危机后包括泡沫经济时期的消费阶段，为个人化消费时期；第四消费时代（2005—2035）为现今的消费阶段，预计将持续到2035年。第四阶段的消费区别于前三个阶段，体现出利己向利他、由城市转为农村、由占有转为分享等特点。

以上总结了日本主要的消费理论。这些消费理论主要论述了在日本消费社会"消费不能在个人内部完成，还需要他人和社会的存在"这一事实。

根据以上理论，可以对日本战后不同经济发展时期消费模式的演变做出以下分析：战后初期的经济恢复阶段，消费水平低，商品种类贫乏，商品会呈现求大于供的状态；当经济进入高速发展时期，消费水平逐渐升高，商品种类也开始丰富起来，会出现奢侈消费，同时消费开始进入大众消费时代，随着耐用消费品的普及，市场规模不断扩大，反过来会推动经济不断发展；进入经济低速增长时期，经济增长放缓，市场逐步饱和，消费市场呈现供大于求的状态；在泡沫经济破灭阶段，急转直下的经济形势会严重打击消费者的消费信心，消费出现萎缩；而在通货紧缩阶段，由于经济的持续低迷，雇佣状况的恶化，消费者持续信心不足。在这些过程中，人们的消费意识会发生变化。

1945年前的日本消费社会

要想分析日本1945年之后消费模式的演变过程,首先需要对日本1945年之前的消费模式进行梳理。因为任何一个时代的消费模式都会受到过去已有消费模式的影响。一般认为在日本,进入江户时代(1603—1867)之后人们才开始体会到消费的快乐。因此,本章将着重考察江户时代至1945年日本的消费情况和特点。

3.1 江户时代的消费特点

虽然江户时代已经出现了消费生活,但真正的消费者只占总人口的极少部分,拥有充足的可自由支配收入、能按享乐主义的宗旨来享受消费生活的人很少。并且,这种状态持续了很长时间。归根结底,这是因为江户时代的消费关系中存在着很多抑制消费的因素。在这里,我们需要回顾一下日本江户时代的社会特点。

1603年,德川幕府成立,长时间的战乱时代终于宣告结束,社会也随之发生了一些变化。最明显的一个变化就是阶级身份有了严格的规定。为了更好地统治老百姓,幕府设定了三重枷锁,分别是对外的锁国制度,对内的严格的阶级身份制度和家长世袭制度。幕府是武士政权,其目标是确保武士的地位和生活。由此,确立了严格的士农工商阶级身份制度。该制度的实质是将武士定为统治阶级,而农民、手艺人、商人等为被统治阶级。在此之前的战国时代,各阶级的社会身份是流动的,比如丰臣秀吉由农民变成了武士,同样也有一些战败的武士沦落成农民,隐姓埋名地生活。这种身份的流动不仅发生在农民和武士之间,在商人、手艺人之间也是如此。但在江户时代的阶级身份制度下,统治阶级(上层武士)和被统治阶级之间的社会阶层移动停止了。当然,其他阶层之间存在着社会身份的移动,比如,农民通过到城市打工,或者成为商人的学徒而变成町人[①],还有一些町人、农民通过过继、入

[①] 町人,日本江户时代住在城市的手艺人和商人。町人有两个阶层,拥有房屋和町官选举权的为上层,反之为下层。

赘①等方式转变为下层武士，武士家家仆也可以通过获得提拔等方式转变为下层武士。江户时代，占人口比例最大的是农民，约占85%；其次是武士，约占7%；然后是町人，约占5%。

而这种严苛的身份等级制度又是通过家长世袭制度一代一代传下去的。所谓家长，是指继承整个家族家长权力的主持整个家族祭祀的人。"家"是指居住在同一屋檐下的几代血缘集团的结合体。武士的俸禄、农民的耕地等家产只能传给下一任家长。原则上长子为嗣子，家长之位由长子继承。结果导致下层武士和农民家庭除了长子之外，其他孩子都失去了生活的保障。大部分人或者成为别人家的养子，或者去大城市成为町人。

家长世袭制度将家业传给了"家"而非个人。武士的俸禄和地位、农民的耕地等皆是如此。因此，家族成为社会组织的单位，由此诞生了优先"家"的利益的集体主义。"家"这个集体决定了消费方式。首先，除了家长之外，每个人的个人自由意志都被极大限制了，一家之长对其他的家庭成员有绝对的支配权。而且，"家"的最大问题是其如何存续下去，因此亲子关系重于夫妻关系，女性完全受男性支配。

那么，在那样的社会中，人们的消费方式又是怎样的呢？田村（2011）把江户时代的消费特点总结为崇尚节俭、重人情世故和町人的浮世消费。

3.1.1 崇尚节俭

一般认为生活价值规范会给消费方式带来很大的影响。生活价值规范决定了生活和消费中欲望的指向。德川幕府原则上不崇尚奢侈消费，其基本生活价值规范是节俭。这是因为德川幕府是武士政权，武士阶层的基本思想是武士道。武士道阐述了武士理想的生存方式，其中心思想是忠于主公。为了培养这种忠诚的素质，武士们从小就被教育要对父母尽孝。因为对父母的孝在成人之后，很容易转变为对主公的忠。虽然忠和孝的对象不一样，但是在永远服从这一点上是一致的。忠和孝都要求忘我的奉献，这就要求武士们在日常生活中具有禁欲的素质。武士的行为规范要求武士学习武艺和学问，武艺是为了有朝

---

① 日本江户时代豪农富商以充当养子等形式从武士处买取武士门第。

一日上战场所做的准备，而学问是指学习四书五经、《孙子兵法》、《史记》、十八史略等历史书。这些学习并非出于个人兴趣，而是为了掌握尽忠所必要的理论基础。无论是武艺还是学问都是为了尽忠。因此，对武士来说奢侈和享乐主义是不可取的。为了过俭朴的生活，必须每天努力节俭。这里还需要引起注意的是节俭的内容。这种节俭是要求最大限度地减少满足基本生活之外的个人消费，而不是禁止购买一切昂贵的商品。当然，对主公或家庭履行义务时的必要物品支出并不包含在内。节俭的日常生活价值还体现在对女子的教育中。比如，《女大学宝箱》[①]中就写有这样的戒律："万事俭。"

而这种崇俭的生活价值并不局限在武士阶层，在武士掌权下，慢慢渗透到了其他各个阶层。节俭自然就抑制了消费。节俭为美德，那么消费就是不道德的。这种生活价值源于当时的政治经济体制。江户时代是农业经济，生产力水平低，粮食生产不能充分保障普通大众的基本生活。而通过节约、节俭、压制消费可以有效地解决这一问题。下层武士的生活更是简朴，基本餐食标准是"一汁一菜"[②]。农民阶层中，除了极少数的富农外，其他人都过着最基本的满足温饱的生活。遇到年景不好的时候，还会发生饥荒。为了应对饥荒，节俭成了重要的生活价值。但后来，随着战乱结束，武士失去了向主公尽忠的主要舞台——战场，这样一来，节俭这种生活价值就失去了原本的意义。特别是进入元禄时代[③]后，奢靡之风开始盛行。为了抑制这种倾向，德川幕府多次颁布禁止奢侈的法令。需要节俭的具体事宜包括各种仪式中的赠答、住宅和服饰等。

江户时代的节俭之风还诞生出了许多今天看来仍值得学习的环保意识，如所有物品都要物尽其用，尽量减少生活垃圾；注重回收再利用，当时的行商除了走街串巷贩卖生活必需品外，还从事旧物的回收贩卖（回收旧伞骨、出租书籍、回收废纸屑等）。

---

① 江户时代中期后开始普及的教导女性做人道理的书籍。
② 一菜一汤，粗茶淡饭。指除主食米饭外，仅有一样菜、一个汤的极简单的饭食。
③ 元禄是日本的年号之一，指1688年到1703年这段时期。这个时代的天皇是东山天皇。江户幕府的将军是德川纲吉。

3.1.2 重人情世故

节俭的生活价值后来在上层武士中发生了变化。由于上层武士的社会地位是世袭的,又拥有充足的可自由支配收入,再加上没有战争,日常事务也较闲散,于是他们开始追求享乐。但是这种奢侈消费很多时候不是为了一己私欲,而是为了维持上层武士的门第。换句话说,就是一种社会交际。往往体现在婚丧嫁娶、乔迁新居等日常的人情世故中。

也可以说当时的奢侈消费多半是为了人情世故中的相互赠答。人情世故在日语中称作"義理"(义理),原意是人类行为的正确道理。"义理"是由"义"和"理"组成的。其中,"义"是儒家"五常"仁义礼智信中的义,儒教是武士精神的基础。"义"在这里解释为是对别人给予的恩情的还礼。"理"自然就是道理。但是,江户时代以后,"义理"的含义发生了变化。义理变成了"为了交际,对他人进行的心有不甘却不得不努力做的行为或事物。体面。面子"①。这种用法一直持续到了现在,并得到了更广泛的应用。比如在日本,到了情人节,要给不是恋人的同事、同学赠送"义理巧克力"(人情巧克力)。

江户时代,在武士阶层中流行给自己的上级武士赠送礼品,因此大名或上级武士会收到很多礼品,大部分为高级食材。收到的礼品太多,用不了,为了处理这些礼品,"献残屋"②出现了。由此可见,在日本人的购买和消费之间还存在着人情关系的赠答。这种模式一直持续到了现在,日本人到了中元③和岁暮④,仍会向平日关照自己的人赠送礼品。很多百货商店会推出适当的商品供消费者选择,常见的种类有点心类(日式和西式)、食品杂货类(罐头或调料等)、海产水产品、肉类(精选猪肉或牛肉等)、酒类等,主要以食物为主。商场还贴心地提供邮寄服务。

---

① 新村出.广辞苑[M].7版.东京:岩波书店,2018.
② 献残屋是经营自家用不了的进献礼品的旧货商店。
③ 中元,指七月初到七月十五期间。日本人有在中元这段时间给对自己有所关照的人送礼表示感谢的习惯。中元也兼指所送的礼品。
④ 岁暮,即年底,又指年底送礼的习惯,也指所送的礼品。和送中元礼一样,这是用赠送礼品的方式对在一年中关照过自己的人表示感谢,并且希望下一年继续给予关照。

3.1.3 町人的浮世消费

江户时代，町人抬头。町人阶级的抬头和城市的形成有很大的关系。江户时代，由于各大名促进兵农分离，形成了很多城下町，供武士们居住。通过这些城下町，消费逐渐向城市集中。在这个过程中，町人成为最初的初步具备消费者主体条件的阶级，即既拥有充足的可自由支配收入又能按享乐主义的宗旨来享受消费生活。当然，这部分町人不包括下层町人，下层町人的生活非常质朴，他们住在宽 2.7 米、进深 3.6 米的长屋[①]里，平时购买的也都仅限于生活必需品。江户时代，虽然武士阶层掌握政权，占有土地，但是他们受身份所限，不能将资产用于经营，收入也是固定的。而农民是武士的征税对象，与町人相比具有一定的政治地位，但是生活压力很大。町人的政治地位低于农民，因此与农民相比，受到的政治性压迫较少。而和武士相比，町人活动又较自由，且没有限制享乐主义的阶级伦理。

特别是在江户初期的元禄年间（1688—1703），长时间的战乱结束后，迎来了和平稳定的发展时期，在农村表现为经济作物的种植得以发展，在城市表现为市场经济繁荣发展。正是在这样的背景下，人们在文艺表演、戏曲、美术、思想等各方面都表现得很活跃，并且商人成为文化产业消费的主体。这个时候的商人积攒了财富，但是由于固定阶级身份制度的限制，他们得不到与自身财富相应的社会地位，于是，他们通过消费展示其经济实力。浮世消费正是指这个时代商人的消费。而且，他们不仅自己奢侈消费，还允许自己的妻子奢侈消费。这一点与凡勃伦所讲的"代理有闲"有异曲同工之妙，可以称为"代理消费"，都是一种炫耀。他们追逐流行，最终沉迷花街柳巷，挥霍家财。他们还斥资修建大宅子，享用美酒佳肴，参与蹴鞠、杨柳弓、赏花、作诗、茶会、游船等活动。他们的妻子进行的代理消费中最穷奢极侈的便是华美的和服衣料了。当时引领时尚的是一些歌舞伎演员和妓女，相对受限制较少的町人妇女竞相模仿她们的穿着打扮。

江户时代中期以后，武士的经济基础受米价变动左右，武士阶级开始渐渐

---

① 长屋，大杂院，将一栋房子分隔、租借给数户人家合住的住宅。

穷困起来。而町人经济实力的上升威胁到了幕府的权力基础。为了维持士农工商的身份等级秩序，幕府开始惩罚浮世消费，对于进行过度消费的商人判处死刑或流放，同时没收其财产。自此浮世消费被扼杀了。而随着幕府和各藩财政的窘迫，节俭成为主要的消费规范。

幕府和各个藩相继发出"俭约令"，其中最具代表性的是八代将军吉宗颁布的享保改革（1716—1745），松平定信颁布的宽政改革（1787—1793）和水野忠邦颁布的天保改革（1830—1843）。这些俭约令的宗旨是提倡符合各自身份的消费，并促进幕府的财政紧缩。

3.2 明治、大正、昭和初期的消费生活

明治维新使日本的政治、经济、社会思潮发生了翻天覆地的变化。日本从锁国走向开国，从封建国家变成现代国家，从士农工商阶级分别到四民平等，从农业国家变为工业国家。政治、经济、社会制度因革命、战争急剧发生变化。但是消费方式根植于文化，是社会中全体成员的日常生活体现。即使政治、经济、社会制度发生改变，消费也不会随之发生相同的变化。就像以大米为主食的社会，在短时间内不会变成以面包为主食；一直习惯穿着和服的人也不会马上改穿洋装一样。但随着时间的推移，政治、经济、社会制度的改变确实对消费产生了影响。

3.2.1 新消费阶层

1868年随着明治维新的成功，德川幕藩体制宣告结束。明治政府为了追赶上欧美列强，提出了富国强兵的口号，并实施了一系列改革。其中与消费关系相关的改革有：重编阶级身份制度、巩固家长制家族、改革地租、实施殖产兴业[①]政策等。到第二次世界大战结束前，这些政策和改革措施都是日本人消费

---

① 殖产兴业，发展生产，振兴工业。日本明治前期的产业扶植保护政策。政府从发达资本主义国家引进近代技术和制度，实行设立官营工厂、举办国内劝业博览会、通过发放补助金发展私人企业等举措。

方式的制度性基础,影响深远。

江户时代士农工商的阶级身份制度催生了《奢侈禁止法》,该法令根据身份直接压制消费。1869年,封建的阶级身份制度被废除,取而代之的是华族、士族和平民这些新的身份。1870年,允许平民冠以姓氏。1872年根据新身份进行户籍登记①。同年,允许平民穿着和服外褂和和服裙裤。新制度下,虽然在选举权等权利上还存在阶级差别,但是在消费层面实现了四民平等。而另一方面,新政府继续维持传统的家长式家族制度。家长制对消费产生了深远的影响。根据该制度,消费活动中的个人行为被抑制了。明治政府通过《教育敕语》将家长制正当化,通过明治民法将其制度化。1890年,以明治天皇的名义颁布《教育敕语》,阐明了日本"国体之精华"乃忠孝二字,并借此将"家"正当化。该敕语是修身、道德教育的根本规范。1898年实施的明治民法(旧民法)中规定,一家有一个户主(家长),为该家族的统帅和支配者。户主负责祖先的祭祀,继承家族的财产,决定家人的婚姻和住所,总之,户主对家族所有成员都拥有绝对的支配权。家长之下才是父亲和丈夫的权利。父亲对子女,丈夫对妻子拥有权利。三代同堂的家庭中,年轻媳妇要服从公婆。服从者对权利者言听计从,一旦反抗就会遭受废嫡、断绝父子关系、离婚等惩罚。在这样的家庭制度下,服从者无法以自身的价值观进行独立判断,他们甚至没有要独立行动的意识。因此个人消费行为大受限制。由此可见,在日本消费行为的基本单位不是个人,而是家庭②。

随着四民平等身份的重编,士族赖以生存的经济基础大受影响;伴随着废藩置县,士族的俸禄被削减了;1876年的废刀令又剥夺了士族阶级引以为豪的标志。于是他们开始寻求新的职业,主要的就职方向是政府官员、公立学校职员、军人和警察等。但是这些职业只能吸收其中一小部分人,大部分人都沦落成人力车夫、小商小贩。

明治维新后,农民的生活开始急速发生变化。其中一个重要措施是地租的改革。政府承认土地私有权,向农民征收高额的地租。而现金的缴税方式,以及1881年至1885年米价的暴跌,使很多农民都无法缴纳地租。交不起地租的

---

① 指1872年的"壬申户籍"。

② 日语称为"世带"。

农民被强行处理掉自己的耕地。大多数农民从富农那里借高利贷，无法偿还高额的利息时只能将土地抵给富农。而日本的富农拿到土地后成为地主，他们又将土地分割成小块租给失去土地的农民，使他们变成佃农，收取高额的佃租。有些佃农最后沦落成了地主家的长工。地主成为新富裕阶层。

实施殖产兴业政策后，政府大力发展纺纱、纺织、矿山、造船等工业，使农村剩余劳动力涌入城市，城市人口快速增加。特别是大城市的人口非常集中，人们的贫富差距拉大。位于社会最上层的是华族、高级官僚、地主、高级军人、财阀企业的经营者等；最下层的有住在长屋或柴钱旅店[①]的贫民；中间层有律师、大学教授、政府或企业的中层管理人员、中小企业经营者、商店店主、下级官僚、企业事务人员、商店雇员等。产业革命也推进了农村的商品经济化，农民在农闲时开始生产其他生活必需品。渐渐地形成了"大量生产自家不消费的商品，大量消费自家不生产的商品"[②]的局面。

3.2.2 舶来品和日本文化

幕府末期，日本和美国、法国、荷兰、俄国都相继签订了通商条约，后来明治新政府又实行了文明开化政策，于是许多日本老百姓从没见过的舶来品一下子涌入国门。当时对老百姓的冲击比较大，人们开始盲目地认为舶来品就是好的。但那些和日常生活息息相关的商品，日本人还是非常注重和本国文化的契合度的。比如，日本人的传统服饰和传统住宅样式，因其透气性、舒适性以及持久性，更适合日本的风土气候，更为日本老百姓所接受。但是在吃的方面，发生了较大的变化。1869年日本国内开始生产面包，牛奶开始渐渐普及开来，变化最大的是肉食的增加。但是西餐也不是直接进入日本老百姓的餐桌，而是以和日本的消费文化融合后的形式出现的。比如日式牛肉火锅、土豆炖牛肉（猪肉）和咖喱饭等。在对舶来品的接受过程中，日本在积极吸收外来物品和外来文化的同时，非常注重保留自己固有的文化。有时会通过文化融合的方式，形成自身独特的固有文化。比如，印度的咖喱经由英国传到日本后，经过改良，在其中加入了炒过的肉类和各种蔬菜，配上米饭后，形成了独具日本特

---

① 柴钱旅店，只需付给做饭的柴钱即可住宿的简易旅店。
② 渡边尚志. 百姓たちの江戸時代［M］. 東京：ちくまプリマー新書，2009.

色的日式咖喱饭。

3.2.3 个人消费支出的变化

明治维新带来的消费层的重编和舶来品的引进，给后来的消费发展带来了新的出发点。如果以1880年的个人消费支出作为标准，1910年为1880年的1.85倍，1940年为1880年的3.88倍[1]。一般认为，20世纪的最初10年，日本确立了资本主义。也正是在这一时期，日本的消费市场规模得以扩大。但这一时期的人均个人消费支出的增长速度则慢得多。1910年为1880年的1.38倍，1940年为1880年的1.98倍[2]。而同时期人口增长很快。1880年，日本全国人口为3665万，1910年增长为4918万，1940年达到7193万。1880年到1940年人口增长了近一倍。由此可见，从1880年到1940年，消费市场规模的扩大主要依靠人口的增长。

这一时期另一个特点是消费支出的贫富差距拉大。下层消费者，包括农民、城市贫民、城市劳动者等，虽然他们的消费方式存在差异，但总体来说都属于生存消费。占人口绝大多数的农民生活非常贫困。1873年的地租改革将农民分成自耕农、自耕兼佃耕农、佃农三类。自耕农拥有自己的耕地，佃农没有耕地，从地主那里租地耕种。介于二者之间的自耕兼佃耕农虽然有耕地，但是耕地面积太小，难以维持生计，需要从地主那里租一部分地来耕种。佃农处于消费的最底层，苦于高额的佃租。但贫困的不只是佃农，随着产业革命的深化，农村的剩余人口[3]涌入城市，他们在城市主要进入纺织厂、煤矿等工厂工作，一天工作超过12个小时，工作条件恶劣，薪酬低。而同时，上流社会人群却在进行着奢侈消费，他们热衷于购买一流的舶来品。

而当时在中层消费者消费中扮演重要角色的是劝工场。最早的劝工场是1878年在丸之内[4]建成的"辰之口劝工场"，建立初衷是处理第一届国内劝业博览会的残次品。最初的劝工场是带有游乐园性质的，不仅出售各种商品，还

---

[1] 筱原三代平. 个人消费支出[M]. 东京：东洋经济新报社, 1967.
[2] 同上。
[3] 年轻女子和除长子之外的男子。
[4] 日本东京都千代田区皇宫东边一带的商业街。昔日有多处大名的藩邸，明治初期为军用地。东京站完成后建起许多大厦，成为大厦街。企业总公司的集中地。

有很多休息、游览、娱乐的场所，后来渐渐纯商业化。劝工场的外观多是西洋风格，里面出售的商品也多为舶来品，价格却相对较为低廉。正好满足了中层消费者对舶来品的追求，因为一流舶来品对他们来说太贵了。进入20世纪后，劝工场开始衰退，取而代之的是百货商店的崛起，说明奢侈消费的质和量都发生了变化。从质上来说，奢侈消费更注重西方文化和日本本土文化的融合；从量上来说，越来越多的消费者开始进行奢侈消费。

明治时期人们胸怀天下、关心国家。到了大正时期，人们就开始向个人、家庭倾斜，带有明显的个人主义倾向。当然这时的个人主义区别于战后经济高速增长时期的个人主义。大正时期的个人主义更确切的说法是小家庭主义，而经济高速增长时期的个人主义则是打破家庭的束缚，宣扬个人主张。

从大正到昭和，人们进行奢侈消费的商品种类和数量明显增多，能够进行奢侈消费的人群也由原来的上流、中流上层扩大到了中流新兴层。

但是进入昭和时代没多久，军队的力量增大，战争逼近，日本国民生活陷入军事统制经济下，消费生活由丰富多彩回归到单一。

3.3 战争与消费

1937年至1945年，日本处于战争状态。战争使日本国民的消费生活出现了断裂，自明治维新开始发展起来的消费生活遭到了毁灭性的破坏，变成了战时统制经济下的生活。统制经济的特点是取消在价格杠杆下自由生产和买卖商品的自由市场。现代战争不仅需要投入大量的兵力，还需要消耗飞机、船舰、枪支弹药。为了满足这些军需品的消耗，需要增强军需产业的生产力。这就需要把原本用于民用产业的资源转移到军需产业中，而依靠自由市场经济则不能达成这一目的。因此，就出现了由国家统制经济的局面。

日本政府首先在1938年4月颁布了《国家总动员法》，这个法律的目的是由国家进行经济统制，限制国民的消费，国民被迫忍受艰苦的生活。首先被统制的商品有生橡胶、汽油、重油等品类，1939年因通货膨胀导致物价上涨后，被统一管理的生活必需品逐渐增多,如糖、火柴、短布袜、清酒、大米、味噌、酱油、盐、衣服、肥皂、香烟、蔬菜、鱼等。到1943年末,几乎所有的生活必需品都实施了配给制。

日本主要通过实施票证和制定法定价格的方式进行经济统制。生活标准不再遵循过去的习惯和传统,而由国家制定。国民消费生活的内容也被削减到只能维持最基本的生活保障。但是,由于生活物资数量庞大,法律规则中难免会出现很多漏洞,再加上有些消费者愿意花高价购买消费品,于是就出现了黑市交易。很多日本城市居民包裹着和服布料去附近的农村换取粮食,而大量没有东西交换的国民只能等待政府配给所的配给。但是这种配给是远远不够的。

除此之外,日本政府还进一步通过国民精神总动员转变国民的消费思想。所谓国民精神是指为了国家牺牲自我、灭私奉公。动员目的是使日本人的集体主义超越传统的家庭、村落、商店和公司,扩大到国家层面。当时的口号有"举国一致""尽忠报国"等。另外,国民精神总动员还抑制了消费,特别是奢侈消费。当时日本的街头和报纸上到处都出现类似"日本人就不应该奢侈""奢侈是最大的敌人"等标语,除此之外,还通过宣传手册、教育电影、收音机等媒体宣传减少消费、提倡储蓄的精神。1940年,日本商工省[①]和农林省[②]更是下发了奢侈品生产销售禁止法——"七·七禁令"。"七·七禁令"将奢侈品分为两类,一类是完全禁止生产、销售的商品,如戒指、耳环、珠宝、象牙制品等;另一类是昂贵的生活用品,对于这一类商品则指定了它们可允许生产、销售的价格。它们涵盖了中流阶层以上消费者使用的大部分消费品,主要是在百货商店出售的商品。同年,百货商店和各类民间组织也纷纷响应"七·七禁令"的号召,由此,从能购买、能使用的商品来看,消费者之间的贫富差距被缩小,消费水平急速下降。

总之,战争时期大多数消费者的消费水平都出现了倒退,消费方式是生存消费,人们的愿望只是努力活着。

综上所述,战前日本消费的最大特点便是黜奢崇俭。在江户时代,崇尚节俭的消费价值规范与当时的政治经济体制及生产力水平低下密切相关。虽然当

---

① 相当于日本现在的经济产业省。
② 相当于日本现在的农林水产省。

时也出现了奢侈消费的现象，但其内容一为人情世故中的相互赠答，二为町人的浮世消费。其中，人情赠答的习惯一直持续到了现在。日本人到了中元和岁暮时，还是习惯给平日照顾过自己的人赠送礼品。浮世消费是积攒了财富的商人为了彰显自我而进行的享乐主义消费。但随着幕府和各藩财政的窘迫，浮世消费被幕府强行压制并扼杀。进入明治时期，通过一系列与消费相关的改革，在消费层面实现了四民平等。百货商店的兴起使越来越多的消费者开始进行奢侈消费。从大正到昭和，人们进行奢侈消费的商品种类和数量明显增多，能够进行奢侈消费的人群也由原来的上流、中流上层扩大到了中流新兴层。但是战争爆发后，国民生活陷入军事统制经济下，消费生活由丰富多彩回归到单一。日本政府通过颁布国家总动员法限制国民消费，对生活必需品采取了配给制的管理方式，还进一步通过国民精神总动员转变国民的消费思想。当时日本国民的消费方式是生存消费。

第二个特点是家长制对消费模式影响深远。德川幕府为了更好地统治老百姓，对内设定了严格的阶级身份制度和家长世袭制度。家长世袭制度使社会组织的单位变成整个家族，而非个人。由此诞生了优先"家"的利益的集体主义。"家"这个集体决定了消费方式。根据该制度，消费活动中的个人行为被抑制了。家长制对日本消费模式的影响一直持续到了战后经济高速增长期之后。

第三个特点是消费中注重外来文化与本国文化的融合。明治维新后，日本的政治、经济、社会思潮因革命急剧发生变化，舶来品一下涌入日本市场，但消费方式并没有随之发生相同的改变。日本人保持着更适应日本风土气候的消费方式。即使接受西方的消费方式，也不是照搬照抄，而是以和日本的消费文化融合后的形式出现。

4

战后经济恢复阶段
（1945—1955）的
消费模式

4 战后经济恢复阶段（1945—1955）的消费模式

"二战"刚结束时，日本的经济活动陷入低迷，通过一系列的努力之后，1951年日本实际GNP[①]恢复到战前水平，而超过战前最高水平是在1954年。人均实际GNP和实际个人消费都是在1953年才恢复到战前水平。到1954年，人均实际个人消费超过了战前最高水平，而人均实际GNP则到了1957年才超过战前最高水平。由此可见，日本经济超过战前最高水平，重新站到经济增长的起跑线上大约经历了十年的时间。1951年9月8日，签订了《旧金山对日和约》，翌年4月28日，日本恢复独立。1952年日本加入IMF（国际货币基金组织）和世界银行组织，1955年9月日本正式加入GATT（关贸总协定）。20世纪50年代初期，日本完成了战后的复兴，跨入了为世界所承认的时代。日本人经历了战火和饥饿的艰难困苦，通过财产税和农地改革等强制性的再分配政策，无论穷人还是富人都站在了同样的起跑线上。这样的社会环境的变化对后来形成"一亿总中流"[②]的平等意识发挥了很大的作用。

4.1 战后经济恢复阶段消费模式的表现与特征

4.1.1 消费品匮乏使消费选择受限

战争的结束虽然迎来了人们盼望已久的和平，但同时也开启了国民生活最困难的时期。虽然根据盟军总司令部的指令，日本在战后短短1~2年完成了经济民主化的改革，但由于当时生产力低下，导致国民收入普遍较少。虽然政策赋予了日本国民自由选择消费品的权利，但在当时的情况下，消费品严重不足，人们选择消费品的自由形同虚设。

首先粮食作为最基本消费品，其供应严重不足，让老百姓的生活陷入艰难

---

① GNP是Gross National Product的简称，为国民生产总值。GDP是Gross Domestic Product，为国内生产总值。二者均为重要的宏观经济指标。GNP等于GDP加上本国投在国外的资本和劳务的收入再减去外国投在本国的资本和劳务的收入。在日本，1993年12月之前多用GNP，之后改用GDP。

② 又称"一亿总中产"，是20世纪60年代在日本出现的一种国民意识，在20世纪70年代和80年代尤为凸显。在终身雇佣制下，九成左右的国民都自认为是中产阶级。

困苦之中。

战争结束后,军队解除武装,大量军人复员,再加上从海外回国的复员军人及其他归国者,使日本国内人口迅速膨胀,当时生产力的低下和进口的停止使粮食供应陷入绝境,日本迎来了粮食困难时期。1945年,水稻的产量减少到582万吨,比1944年的867万吨下降了33%,只相当于1937年产量(977万吨)的59%。而随着农地改革和农业人口的增加,农业生产渐渐恢复,1946年水稻产量为912万吨,到了1948年产量增加到了979万吨,恢复到了1937年的生产水平[①]。

其实在战争之前日本就存在主要粮食供应不足的问题。当时,每年有五分之一的粮食需要依赖进口。战争期间,粮食进口逐渐减少,战败后进口中断,使粮食供应雪上加霜。

为了缓解这一问题,日本从1939年开始实施大米配给制度。1942年小麦、薯类、粗粮也开始成为配给粮食。后来又增加了蔬菜、鱼等。战后,城市里粮食供应不足的问题尤其严峻。如果得不到农村的粮食供给,城市里的老百姓就无法生存。而当时,农村不仅生产力低下,运送粮食的物流途径也由于空袭被毁了。1945年,粮食供应最困难时期,在东京上野站附近平均每天要饿死2.5人,而在大阪每个月要有好几十人因营养失调死亡。为了防止出现城市中的粮食难问题,1946年日本政府禁止外来人口进入10万人以上的城市。但配给供应还是越来越少,还频频出现拖延配给的情况,因此光靠配给已无法维持基本生活。为了解决温饱问题,人们开始在黑市上购买物资,或者到农村进行物物交换,将生活用品换成粮食。1945年,战争刚结束时,在东京黑市交易泛滥成灾,黑市在当时的作用是提供光靠政府配给供应远远不够的粮食。

1947年,日本经济安定本部[②]为了振兴经济开始制定综合的经济政策。在恢复钢铁、煤炭等基础产业生产力的同时,提高粮食生产。1948年,增加大米配给量,解除了电灯、发蜡、牙膏等111种生活必需品的价格控制。虽然价格

---

① 水稻产量的数据来自日本农林水产省的"作物统计"。
② 第二次世界大战后,日本为恢复经济而临时设立的行政部门。该机构1946年设立,1948年制定了经济复兴五年计划,确立了经济复兴的基本方针,并推进倾斜生产方式的实施。1952年,该机构被废除。

依然上涨,但是消费品的种类和数量越来越多了。1949年,取消了禁止外来人口进入大城市的限制。接着,电和煤气的限制也取消了,各地开始修建住宅。在全国范围内,饭店也纷纷重新开业,消费生活终于有了回暖的迹象。

4.1.2 通货膨胀严重抑制消费

战后日本遭遇了严重的通货膨胀。图4-1为日本从战争期间到战后的物价指数。

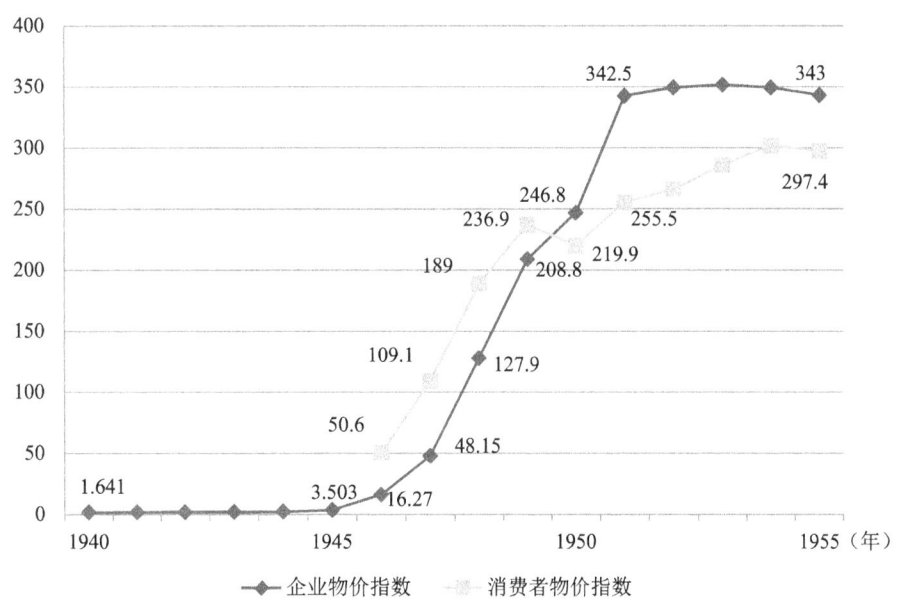

图4-1 战争期间及战后经济恢复期物价指数的变动

注:将1934—1936年的平均值定为1。
资料来源:日本银行"企业物价指数",日本总务省统计局"消费者物价指数年报",见日本总务省统计局"日本长期统计系列"表22-9、表22-18。

从图4-1中可以发现,从企业物价指数来看,1945年为3.503,而第二年1946年就飙升至16.27,物价年上涨率达到了364.5%,也就是说平均每月物价上涨13.64%。在此之后,物价持续上升,从1945年到1949年的四年间,物价翻了60倍。

消费者物价指数是衡量物价上升的常用尺度。1946年为50.6,第二年

1947年达到109.1。这意味着1947年的物价达到了战前的100倍，也就是说货币的价值降到了战前的1/100以下，战前的储蓄成为废纸。之后的走势表现为消费者物价指数上涨得更快，说明和企业间资产交易的价格相比，与生活相关物资的零售价格涨得更快。1948年和1949年的物价上升率分别为73.2%和25.3%，通货膨胀没有得到遏制。直到1950年"道奇计划"①的实施才使物价趋于稳定。

而战后不久就出现的通货膨胀主要是由下列因素导致的：①供给能力不足，②需求膨胀，③货币过剩供给。图4-2显示的是矿工业生产指数的推移，从中可以看到从战争时期到战后经济恢复阶段的生产活动状况。从综合指数来看，1944年刷新纪录为162.9，但是由于到了战争末期，生产设备遭到极大破坏，因此到了1945年指数减到一般以下为68.6，而1946年继续下跌至25.7，只能维持战前的三成水平的生产。这种供给能力的大幅跌落直接导致了战后物品不足的现状。

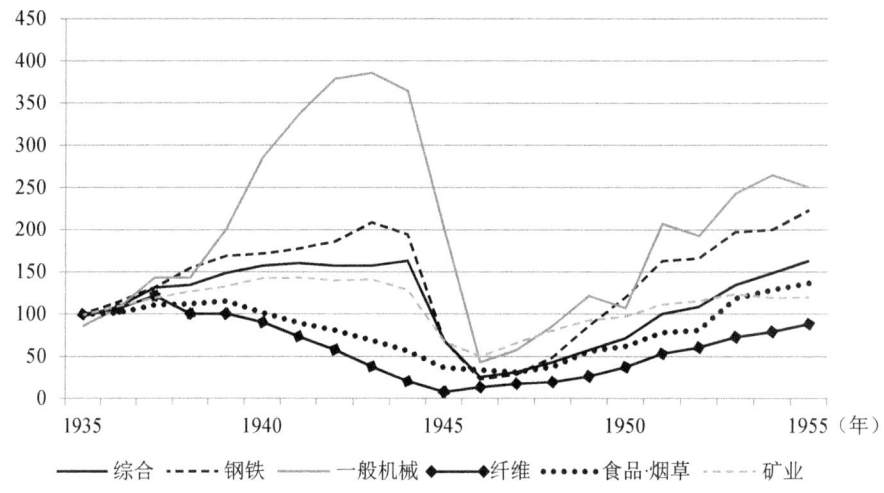

图4-2　战争期间及战后经济恢复期间矿工业生产指数的变动

注：将1934—1936年的平均值定为100。
资料来源：日本经济产业省"矿工业指数年报"，见日本总务省统计局"日本长期统计系列"表8-16。

---

① 1948年，美国将对日占领政策转为经济复兴之后，提出了"稳定经济九原则"。美国总统特使、底特律银行家道奇到日本，要求日本政府编制紧缩型预算方案，采取措施鼓励出口，制定360日元兑1美元的固定汇率，恢复市场机制以促进企业生产合理化，称为"道奇计划"。

战争期间，产业结构偏向以军需为中心的重化学工业，因此一般机械和钢铁急速增产。相反，纤维等轻工业和食品等与生活息息相关的生产则持续下降。需求旺盛的民生产品严重不足的原因就在于此。由于生产设备遭到破坏，再加上原材料不足，因此矿工业生产迟迟得不到恢复。矿工业的生产达到战前水平是在1951年，这时距战争结束已经过去了6年。

战后，长期被压制的消费活动呈现井喷之势，但是由于无力生产必要的生活物资，因此日本整个国民经济和国民生活都处于物资极度匮乏的境地。为抑制物价上涨，政府公布了法定牌价，但是由于购买不到粮食和生活物资，因此人们在黑市进行高价交易。重建在战火中损毁的住宅和工厂，恢复被破坏的生产设备都带来了很大的投资需求，但是原材料不足的问题非常严重。

为了产业复兴，日本战后采取了倾斜生产方式，第一优先煤炭和钢铁生产。珍贵的重油首先用于钢铁业，增产出来的钢铁优先用于煤矿。然后再把增产出来的煤炭优先投入钢铁生产，通过这样的方式促进钢铁和煤炭的生产。通过图4-2也可以看到，无论是矿业还是钢铁，生产力都很难恢复，在日本，直到1950年才恢复至战前水平。

4.1.3 从消费限制走向消费自由

战后，由于生产力没有得以马上恢复，因此沿用了战争时期的价格控制和配给制等限制消费的措施。但是，1950年后，日本开始进一步解除消费限制，各类票证纷纷退出历史舞台。

在食品方面，1950年日本取消外餐券[①]，人们能够食用除大米以外的荞麦面、乌冬面、面包等其他主食。许多商品可以开始自由买卖，如1950年放开了对豆酱、酱油、牛奶的限制，1952年放开了对糖和国产小麦的限制，1953年放开了对合成米的限制。日本人作为主食食用的大米在黑市中的价格越来越低，配给量也开始增加。1954年，越来越多的日本家庭不再食用进口大米。在布料方面，1951年日本取消布票，允许自由买卖。在住房方面，1943年日本

---

① "二战"中至战后，日本政府在大米定量供应制度下，发给在外用餐人员的饭票。

政府规定住房的面积不能超过 50 平方米，1950 年后也撤销了关于住房面积的限制。

另外，消费品种类增多，主要表现为出现了很多新商品。比如，战前没有出现过的加工食品投入市场。例如，薯片、橙汁、鱼肉香肠、即食咖喱等。除此之外，时尚商品开始吸引越来越多的女性。资生堂等生产厂家通过开办美容讲座和美容教室，唤起了女性对美的关注。在服装方面，也出现了采用尼龙等人造纤维的女士衬衣、裙子、西服等。战前日本女性不穿着内衣，通过举办内衣秀，引发了内衣热。此外，还通过百货商店向人们介绍迪奥等海外流行的时尚，提高女性的时尚意识。

1950 年，日本放开了对汽车销售价格的管制，1951 年开始销售进口汽车。1953 年，丰田汽车开始销售国产车。当时，日本丰田国产车的价格与进口汽车差不多，都是 102 万日元，而当时一般工薪阶层的月平均工资是 2 万日元左右，因此汽车属于奢侈品。与汽车相比，当时的普通消费者对本田的摩托车和轻型摩托车更感兴趣。

而最吸引当时消费者的新商品莫过于家用电器了。1951 年日本开始生产洗衣机，销售价格为 2.6 万~6.7 万日元不等。1952 年 90 升小容量冰箱面市，价格是 8 万日元。1954 年，松下电器开始销售售价为 29 万日元的国产电视机。这些价格社会的富裕阶层能够消费得起，但明显超出了普通消费者能承受的范围。由于冰箱、洗衣机、吸尘器能够大大减轻家务劳动的负担，因此被称为"三种神器"，成为普通消费者梦寐以求的商品。

4.2 战后经济恢复阶段消费模式的形成条件

4.2.1 抑制消费政策

1945 年 9 月 22 日，日本盟军总司令部发出"第三号指令"，明确了要确保生活物资等重要物资的生产和分配的方针。但是，这一指令几乎没有什么效果。1947年2月，遵循基本方针的精神，颁布了第三号内阁训令"制定配给物资配给手续规定"，该训令是确保生活物资以及生活物资的流通、配给的强有力的措施。据此制定出了不问贫富，确保生活物资平等分配的制度，以及一般劳务物资分配配给制度。

战后日本国民生产的逐渐恢复以及国民生活的改善，和来自外国特别是美国以GARIOA①或EROA②等形式提供的巨额援助物资是分不开的。对于当时资源匮乏、生产陷入瘫痪的日本来说，美国的援助物资是确保其国民生活的唯一的保障。1945年63%，1946年77%，1947年67.2%，1948年59.1%的进口都依赖美国。因此，战争刚结束时日本国民经济的恢复事实上跟美国的援助是密不可分的。但是，如果一味依赖他国，就会失去政治上的自由。于是1948年日本政府公布了"经济九原则"，主要内容是增强出口、金融、物价、工资等九个方面的基本原则。经济九原则最终的目标是实现经济自立，重点放在了"稳定"上面。通过该政策的推行，日本的通货膨胀得到了有效的抑制，但是经济增长率却从1948年的15.6%跌落到1949年的3.4%，矿工业生产的增长率也从40.6%回落至30.0%，到了1950年更是低至17.1%。另外，1945年到1948年，只要是生产出来的商品就一定能卖出去，供给量即消费量。1949年部分生活物资脱离了配给制，这时才开始正式提出消费的有效需求概念，政府干预经济的领域也逐渐减少，政府管制渐渐被自由竞争取代。

4.2.2 三大经济改革

无条件投降后，日本处于盟军（事实上只有美军）的占领统治下，同盟国最高司令官总司令部（GHQ）拥有绝对的权力。在这一背景下，日本全国开始推进实施民主化政策。在经济领域，推行了产业、农业和劳动的三大改革，分

---

① GARIOA：Government Appropriation for Relief in Occupied Area Fund 的简称，意即占领地区政府救济基金。美国政府提供给占领区的救济资金。"二战"后，为防止因饥饿和疾病引起社会动荡并协调占领区行政而支出的资金。

② EROA：Economic Rehabilitation in Occupied Area Fund 的简称，意即占领区经济复兴基金。"二战"后，美国政府为占领区经济复苏支出的资金。

别是财阀解体、农地改革和劳动民主化。战前,日本的经济构造是由三井、三菱、住友、安田等少数几个财阀控制大企业,而少数大企业占据主要产业。这种财阀独占市场的做法不仅会使国内产业规模缩小,而且也是支撑军国主义的经济基础。财阀解体,由控股公司公开持有股权,旧财阀头目被驱逐出经济界。通过1947年的《独占禁止法》和《过度经济力集中排除法》,转变成了有利于企业间竞争的经济结构,18家对市场拥有支配力的大企业被分割。财阀解体后,主要企业形成了以城市银行为中心的企业系列,由于能维持长期交易关系,因此保证了稳定的企业之间的关系。

农业改革方面主要是进行了农地改革。从战前人们就已经认识到封建地主制的弊害,战争中开始实施粮食管理制度,佃租大幅下降,佃农的地位得到了一定的提升。战后,在 GHQ 的主导下,彻底将佃农改变成自耕农,由国家征购不在村地主的全部土地、在村地主的1町步(约1公顷)以上的出租地,以极其低廉的价格出售。由于当时通货膨胀特别严重,所以事实上土地几乎是以无偿的形式卖给了农民。佃租地占全国总耕地的比重从1946年的46%下降至1950年的11%。

劳动改革促进了劳动民主化。通过制定工会法、劳动基准法和劳动关系调整法等劳动三法,从法律上确立了工人的团结权、团体交涉权和争议权。1945年12月公布了工会法。之后工会的组织率(工会成员在被雇佣者中的比重)急速增加,1949年超过了55%,之后固定在30%左右。工人聚集到工会的原因是,在战后的混乱和饥饿中,不管是蓝领还是白领,他们得到的工资都只能果腹,于是大家自然而然地走到了一起。

4.3 战后经济恢复阶段消费结构的演变

消费结构，是一定社会经济条件下，人们（包括各种不同类型的消费者）在消费过程中消费的各种各样的消费资料（包括劳务）的比例关系[①]。消费结构可以从不同的角度分类。按消费目的，可以分为生存资料消费、发展资料消费和享受资料消费；按人们实际消费支出的不同方面，可以划分为吃、穿、住、用、行等不同形式；按消费品的不同内容，可以划分为实物消费和劳务消费。

日本国民的消费生活以"二战"结束为分水岭，掀开了新的篇章。战争刚结束时，物资极度匮乏，供给支配消费，生产多少销售多少，有多少供给就有多少消费。后来随着生产的逐渐恢复和进口的增加，供给在一定程度上得到了增加，但是通货膨胀限制了消费。变成了工资和物价的比赛，这是一个想买而买不起的时代。而这个问题在后来物价趋于稳定、人们收入增加后得到了解决，慢慢从量向质进行转变。从这时起，消费者可以根据自己的收入和物价选购自己喜欢的商品。之后，时代又发生了变化，消费者的兴趣爱好得到了进一步的重视，甚至被认为是改变消费结构的重要原因。战前，风土人情、传统习惯对日本人的生活影响很大，人们很难轻易接受新鲜事物。而战后随着人们世界观的改变，特别是理性价值观的影响，日本国民开始逐渐认为只要是好的事物就会出现在生活中，并且对流行产生了敏感。这一消费者身上发生的改变成为改变消费结构的一大要因，消费者的喜好可以改变生产的方向，逐渐变成"消费者是上帝"的时代。

今天的消费结构是过去历史的产物，今后的消费结构也定然会与这一历史过程息息相关。而经济和消费的相关理论也是与时俱进的。

"家计调查"由日本总务省统计局负责进行统计，主要是对老百姓的家计簿进行极为精细的调查，可以说这是全世界最详细的与家计相关的调查。该调

---

① 尹世杰，蔡德容.消费经济学原理[M].北京：经济科学出版社，2000：103.

查始于 1946 年 7 月，之后的漫长岁月中，调查的内容发生了一些变化，1962 年 7 月以后固定成了现在的调查内容和调查方法。日本国民的消费支出分为十个项目，为食物、居住、水电燃气、家具·日常家务用品、被服、医疗保健、交通·通信、教育、文化娱乐和其他消费支出。1947—1962 年和 1963 年以后的分类标准有所区别。前者是五大类，后者是十大类。具体参见表 4-1。

表 4-1　1947—1962 年和 1963 年以后的消费支出分类标准

1947—1962 年			1963—2015 年	
食物	谷物	大米 小麦·粗粮 面包 其他	食物	谷物 鱼贝类 肉类 蔬菜·海藻 在外吃饭费用
	其他 食物支出	生鲜鱼贝类 干咸鱼贝类 肉类 蛋奶类 蔬菜类 干货·海草类 加工食品 调料 糕点 水果 酒 饮料 在外吃饭费用		
居住	房租·地租 设备维修·保养 水费 家具·日常用品		居住	房租·地租
水电燃气	电费·燃气费 其他		水电燃气	电费 燃气费 水费
被服	衣服 身上穿戴的衣物		被服	衣服 鞋类
			家具·日常家务用品	家庭耐用消耗品 家务消耗品

续表

1947—1962 年		1963—2015 年	
		医疗保健	医药品
			保健医疗
		交通·通信	汽车等费用
			通信
		教育	学费等
		文化娱乐	文化娱乐用品
			文化娱乐服务
杂费	医疗保健 理发卫生 交通通信 教育 文具 文化娱乐 交际费 香烟 汇款 负担费 损害保险费 其他	其他消费支出	各类杂费: 理发美容服务 / 理发美容用品 / 身上穿戴的衣物 / 香烟
			零用钱（用途不明）
			交际费：赠予费用
			汇款

为方便比较，本文统一使用十分类法，即 1963 年以后的统计标准，并参照此标准，对 1947—1962 年的数据进行了相应的调整，得到表 4-2、表 4-3。

表 4-2　平均每户每月消费支出情况（1947—1955）

（日元）

年份	总消费支出	食物	居住	水电燃气	家具·日常家务用品	被服	医疗保健	交通·通信	教育	文化娱乐	其他消费支出
1947	4684	2952	72	221	119	483	263	89	76	266	143
1948	8780	5302	140	415	205	993	551	178	126	562	308
1949	11885	7138	257	540	249	1288	722	233	198	813	447
1950	11980	6880	285	648	210	1473	689	232	230	921	412

续表

年份	总消费支出	食物	居住	水电燃气	家具·日常家务用品	被服	医疗保健	交通·通信	教育	文化娱乐	其他消费支出
1951	14389	7822	353	810	242	1954	773	215	238	681	1301
1952	17838	9134	454	1066	328	2579	956	312	343	953	1713
1953	21381	10374	610	1247	475	2838	468	366	667	1060	3276
1954	22678	10995	691	1289	444	2695	499	393	780	1188	3704
1955	23211	10891	731	1310	506	2717	511	420	812	1247	4066

资料来源：日本总务省统计局"家计调查"。

食物支出在消费支出中所占的比重又叫作"恩格尔系数"（Engel's Coefficient），该系数具有特别重要的意义。恩格尔系数是衡量消费水平甚至经济发展水平的一个重要指标。19世纪德国统计学家恩格尔根据统计资料，对消费结构的变化总结出一个规律：一个家庭收入越少，家庭收入（或总支出）中用来购买食物的支出所占的比例就越大，随着家庭收入的增加，家庭收入（或总支出）中用来购买食物的支出比例则会下降。推而广之，一个国家越穷，每个国民的平均收入（或平均支出）中用于购买食物的支出所占比例就越大，随着国家的富裕，这个比例呈下降趋势。恩格尔系数是根据恩格尔定律而得出的比例数。恩格尔系数高表明食物支出比重大，其他方面的消费就难以得到满足，因此恩格尔系数的不断降低，是世界各国发展的趋势。根据联合国粮农组织提出的标准，恩格尔系数在59%以上为贫困，50%~59%为温饱，40%~50%为小康，30%~40%为富裕，低于30%为最富裕。

从日本战后的情况来看，恩格尔系数呈现不断降低的趋势。由表4-3可知，1947年，恩格尔系数高达63.0%，当时国民的大部分生活费都用于食物支出。这种状况一直持续到1949年，这三年的系数都在60%以上，国民生活处于贫困阶段。之后情况出现好转，1950年、1951年、1952年三年每年以3%的速度递减，并且从1953年开始系数降到50%以下，到1955年系数降低为46.9%。在战后经济恢复阶段，十年时间里，国民生活从贫困过渡到温饱、小康。这些数字的变化表明了各种消费管制措施的终结，也看出了人们新的消费倾向。

表4-3 每月每户各类消费支出所占比重（1947—1955）

（%）

年份	总消费支出	食物	居住	水电燃气	家具·日常家务用品	被服	医疗保健	交通·通信	教育	文化娱乐	其他消费支出
1947	100	63.0	1.5	4.7	2.5	10.3	5.6	1.9	1.6	5.7	3.1
1948	100	60.4	1.6	4.7	2.3	11.3	6.3	2.0	1.4	6.4	3.5
1949	100	60.1	2.2	4.5	2.1	10.8	6.1	2.0	1.7	6.8	3.8
1950	100	57.4	2.4	5.4	1.8	12.3	5.8	1.9	1.9	7.7	3.4
1951	100	54.4	2.5	5.6	1.7	13.6	5.4	1.5	1.7	4.7	9.0
1952	100	51.2	2.5	6.0	1.8	14.5	5.4	1.7	1.9	5.3	9.6
1953	100	48.5	2.9	5.8	2.2	13.3	2.2	1.7	3.1	5.0	15.3
1954	100	48.5	3.0	5.7	2.0	11.9	2.2	1.7	3.4	5.2	16.3
1955	100	46.9	3.1	5.6	2.2	11.7	2.2	1.8	3.5	5.4	17.5

资料来源：根据表4-2中的数据计算而成。

综上所述，"二战"刚结束时，日本国内物资极度匮乏，再加上严重的通货膨胀，导致人们的消费选择受到限制，先后陷入无商品可买和想买而买不起的境地。为了解决这些问题，日本政府先是继续沿用战争时期的价格控制和配给制等限制消费的措施，后又颁布了抑制消费的政策，以确保重要物资的生产和分配。但这一系列的问题真正得到解决是在后来物价趋于稳定、人们的收入逐渐增加之后。在战后经济恢复阶段的10年时间里，消费结构发生了质的改变，其中最明显的一个表现就是恩格尔系数的连续下降，表明国民生活从贫困过渡到了温饱、小康。这一过程也体现了凯恩斯的绝对收入假说，即消费取决于收入，消费随着收入的增加而增加。

经济高速增长阶段（1956—1973）的消费模式

5 经济高速增长阶段（1956—1973）的消费模式

从 1956 年到 1973 年，日本的经济增长速度惊人。高速的经济增长大大改变了日本国民的生活。由战后刚刚从战乱中走出来的谨小慎微的生活，变成了被各种现代化的电器和汽车包围的生活。一切以经济效率为第一要务，每个人都享受到了经济增长带来的实惠。在 1956—1973 年的 17 年间，日本的国民生产总值（GNP）增加了 12.5 倍，人均国民收入增长 10 倍多，年均增长 15% 左右。1966 年超越英国，1967 年超越法国，1968 年超越西德，在资本主义国家中仅次于美国，成为亚洲新巨人，引起全球经济界的注目，被称为"世界经济的奇迹"。

除去物价影响，日本 1956—1973 年的 GNP 实际年均增长率达到 8.6%，名义增长率高达 15.7%。物价也随着经济增长而上升，但由于人们工资收入的增长超过物价的增长，所以每个人都切身感受到了生活质量的提升。日本 1956 年的经济白皮书中写到日本"已经不是战争刚结束的时候了"，标志着日本完成了经济复兴，经济高速增长的时代拉开帷幕。到了 20 世纪 60 年代中期，日本大兴社会基础设施的建设。1964 年的东京奥林匹克运动会开幕前，贯通日本东西大动脉的东海道新干线开通。日本第一条高速公路——名神高速公路于 1963 年开通。经济的高速增长一直持续到 1973 年第一次石油危机。

这一阶段日本经济的高速增长主要是由民间消费和民间设备投资带动的。如果将 GDP、消费、投资、政府支出、出口、进口分别用 Y、C、I、G、X、M 来表示的话，那么它们之间存在以下关系：

$$Y = C + I + G + X - M$$

前一年度的 GDP 就可以表示为：

$$Y_{-1} = C_{-1} + I_{-1} + G_{-1} + X_{-1} - M_{-1}$$

本年度和前一年度的 GDP 的变化 $\Delta Y = Y - Y_{-1}$，那么：

$$\Delta Y = \Delta C + \Delta I + \Delta G + \Delta X - \Delta M$$

将方程式的两边均除以 Y，就能得到 GDP 的增长率以及各个组成部分的贡献率。

$$\frac{\Delta Y}{Y} = \frac{\Delta C}{C} + \frac{\Delta I}{I} + \frac{\Delta G}{G} + \frac{\Delta X}{X} - \frac{\Delta M}{M}$$

图 5-1 为经济高速增长时期不同领域的贡献率，从中我们可以看出经济高

速增长的原因。

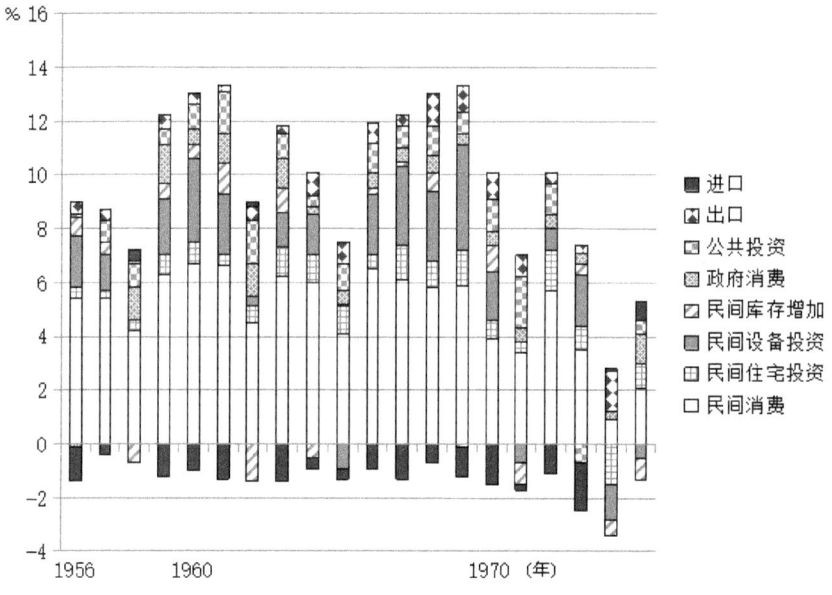

图 5-1 经济高速增长的要因分析

资料来源：日本内阁府"国民经济计算"。

图 5-1 中，将民间投资又细分为民间住宅投资和民间设备投资以及民间库存增加，政府支出又分为政府消费和公共投资。从图中我们可以清楚地看到，经济的高速增长主要是由民间消费和民间设备投资带来的。再加上基础设施的建设带来了生产效率的提高。1950—1953 年的朝鲜特需带来了日本经济的复苏，而从欧美引进的技术又使得生产效率得到很大的提高。1960 年池田①内阁宣布实施"国民收入倍增计划"，计划用 10 年的时间实现国民生产总值（GNP）翻一番，而事实上这一目标只用了 6 年就实现了。

随着以重化学工业为中心的工业的发展，除了需要大规模的资金和工业用地之外，还需要大量的劳动力。于是大量的年轻人从农村涌向城市，城市人口激增，并且诞生了很多"核家族"②。人们对冰箱、洗衣机等耐用消费品的需求增加，同时也产生了对住宅的需求，同一时期，城市的郊区变身为新兴住宅区。收

---

① 日本第 58、59、60 任首相池田勇人。
② 只有夫妻二人和孩子的家庭。

入增加导致居民消费增加，甚至出现了全家人在百货商店过周末的生活方式。

20世纪50~60年代在日本爆发了"能源革命"，能源从煤炭过渡到石油，日本对进口能源的依存度进一步提高。当时的日本人没有意识到，对石油的过度依赖会成为日本经济发展的软肋。

5.1 经济高速增长阶段消费模式的表现与特征

5.1.1 大众消费时代的诞生

在经济快速增长的过程中，日本社会发生了翻天覆地的变化。而从消费角度看，这一时期的一个划时代的变化便是诞生了消费社会。消费社会强调几乎每个人都成为消费者，因此又被称为大众消费社会。美国在"二战"后就进入了大众消费社会，英国、法国、德国紧随其后，日本则于20世纪60年代进入大众消费社会。

从经济发展阶段的视角来看，大众消费社会是经济发展的最后阶段。在这一阶段，国民收入水平的提高使消费需求结构发生变化，对耐用消费品和服务的消费需求迅速增长。大众消费社会还具有以下三个特点：①大多数消费者生活富裕；②消费需求不仅受收入左右，还受到购买欲望等消费者心理的影响；③消费者能够影响经济变动[1]。大多数人成为消费者，拥有可自由支配收入，可以根据自身的喜好自由挑选消费品。

下面从消费支出的动向来观察大众消费社会的诞生。伴随着经济的高速增长，日本的消费市场也快速成长起来。图5-2为1956—1973年人均家计消费支出。

由图5-2可知，以1955年人均家计消费支出为1的话，1960年增长为1.45倍，1965年为2.37倍，1970年为4.17倍，1973年为5.98倍。18年间增长了近5倍，这一成长速度是惊人的。而在这一时期，日本人口从8900多万增至1

---

[1] G.カトーナ.大衆消費社会[M].社会行動研究所，訳.東京：ダイヤモンド社，1966.

亿零900多万，消费支出的总量应该更大。而在战前，消费市场要想增加3倍差不多需要50年。

在经济高速增长时期，不仅人均消费支出获得了快速的增长，各阶层间的消费差距也在逐步缩小。

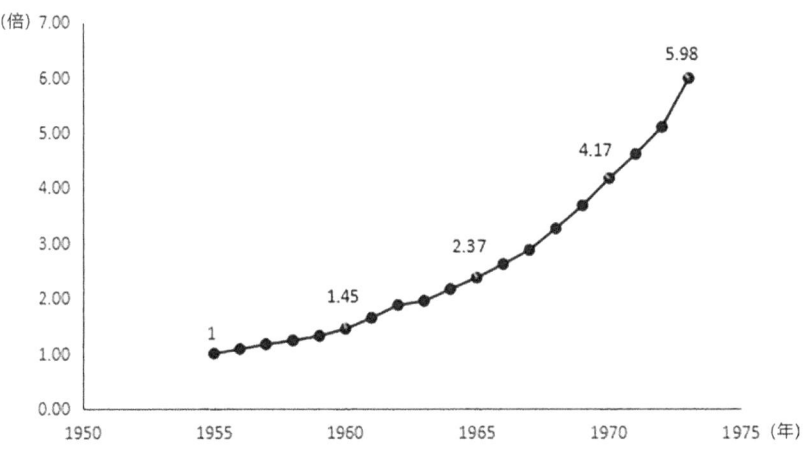

图 5-2　1956—1973 年日本人均家计消费支出增长

注：以 1955 年的数值为 1。

资料来源：根据日本总务省统计局"家计调查"的相关数据计算而成。

在日本的家计调查中，按照年收入由高到低将消费者分为上流阶层、中上流阶层、中流阶层、中下流阶层和下流阶层五大阶层。每个阶层的人数都是相等的，即每个阶层均包含 20% 的消费者。

图 5-3 显示的是以中流阶层的消费支出作为基准，其他各阶层相对于中流阶层的倍数。由图可知，随着经济的高速发展，各阶层的消费支出呈现出向中流阶层靠拢的趋势，即所有的消费者都逐渐中流阶层化。消费支出的平均值越来越能够代表全体消费者的消费水平。这一时期消费市场的成长和战前形成了鲜明的对比。战前贫富差距大，消费市场的繁荣壮大主要依靠人口效应；而这一时期，和人口效应相比，人均消费支出的增加对消费市场的贡献更大。

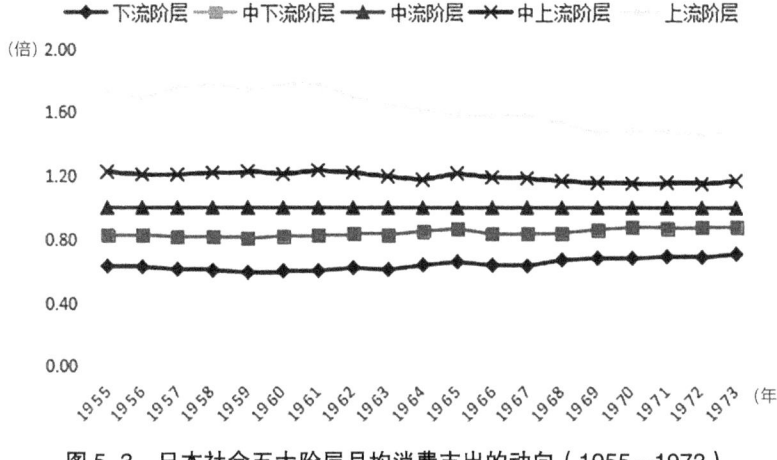

图 5-3　日本社会五大阶层月均消费支出的动向（1955—1973）

注：将中流阶层的消费支出看作 1。

资料来源：根据日本总务省统计局的"日本长期统计系列"之表 20-7-a 和 20-7-b 中的数据制作而成。

5.1.2 日常生活的革命性变化

5.1.2.1 穿着的变化

在这一阶段，人们的穿衣打扮发生了很大的变化。从 20 世纪 50 年代初开始，化妆品销售人员就通过开设美容院来唤起女性对美的追求。进入高速经济增长期后，通过各种媒体的广告和连锁化妆品商店的形式，对消费者展开了全面的化妆品市场营销战略。女性化妆渐渐变成了一件理所当然的事情。化妆技术日益精湛，女性越来越美丽。受女性化妆的影响，男性也发生了相应的变化：男性开始使用发蜡固定发型，喷发胶或使用电吹风做发型，总之对发型越来越讲究；剃须后使用乳液防止皮肤干燥；光顾专为男性服务的美容店。1967 年，当红男演员查尔斯·布朗森的一则电视广告，使"曼丹"系列男士化妆品受到热捧，此后男士化妆品快速发展壮大起来。好几天不洗头、头发蓬乱、胡子邋遢的男人给人的印象从原来的富有男子气变为不注重个人卫生。

而大大改变整个城市面貌的则是服饰的变化。穿和服的人越来越少，大多数人都穿洋装出门。和服只用于元旦、成人仪式、开学典礼、毕业典礼、婚丧嫁娶、茶道、花道、去歌舞伎座观看歌舞伎等特殊日期及特定场合。20 世纪

60年代服装变化的一个重要特征便是成衣化趋势的进展。成衣的批量生产促使洋装得以普及。随着大生产商进入成衣生产领域和成衣尺寸规格的标准化，成衣的质量越来越好，不逊色于定制服且价位适中。

大型生产商和百货商店的加入也使人们对成衣的看法开始发生转变。之前，成衣给人廉价或劣质的感觉。进入20世纪60年代后，人们觉得成衣中也有质量上乘的服装。1969年41%的男装都是成衣[①]。女装中也出现了这样的趋势。

在没有空调的年代，穿洋装的一大问题是无法适应闷热潮湿的夏季。为了解决这一问题，从1961年开始帝人和东丽等纤维公司开始开发化纤材质的半袖衬衣，大受消费者的欢迎。

20世纪60年代还有一个重要特点是服装的品牌化和时尚化。男士用于打高尔夫或休闲时穿的T恤衫上流行加一处品牌标记。当时最有人气的品牌标记是美国花雨伞（Arnold Palmer）的雨伞标记。男士休闲装的名牌意识开始影响到了越来越多的消费者。1968年，衬衫的颜色不再是清一色的白色，而是向多种颜色转化，开始出现彩色衬衣。

变化最大的还是女装。1958年，三越、高岛屋和伊势丹等著名百货商店以对时尚反应敏感的十几岁女孩为对象，特别设置了时尚专柜。半身裙的长度越来越短，最终出现了超短裙。此后，年轻女性的内衣、发型、鞋子等都相继发生了变化。

除此之外，百货商店还不断介绍香奈儿等欧洲著名设计师设计的时装。1964年，各大百货商店开始提炼自家独有的流行色。传统的白衬衣与百褶裙搭配渐渐消失，大街上人们的穿着也越来越有流行感，颜色也越来越丰富。

服装上的男女差异开始变小。女性一定要穿裙装这样的传统观念开始瓦解。20世纪60年代末出现了牛仔裤。以前女性裤子的拉链都安在侧面，牛仔裤出现后，男女裤子的拉链都一样被放在了正面中间的位置，无性别差异思潮开始萌芽。越来越多的女性开始穿着裤子、牛仔裤，甚至是男式衬衣。

随着外衣的洋装化倾向日趋明显和服装线条的变化，女性内衣也开始发生巨大的变化。紧身胸衣消失，取而代之的是符合身体自然曲线的内衣。并且，

---

① 下川耿史，家族总合研究会.昭和·平成家庭史年表：1926—2000[M].东京：河出书房新社，2001.

设计越来越大胆,颜色也越来越丰富。女性贴身衬衣和木棉衬裤消失,取而代之的是化纤胸罩、女式短衬裤、连裤袜等。随着女权运动的开展,女装体现出的女性化也不再以男性的眼光为基准,更多是凸显女性眼中的女性化。随着服装的成衣化和时尚化趋势的发展,普通民众也能穿上洋装了。

随着中流阶层化的发展,人们穿着的服装品质没有什么差别。这样一来,几个世纪以来服装所承担的传达社会地位和财富的功能消失了,光凭服装很难判断出一个人的贫富,很难判断一个人是农民还是城市居民,是已婚女性还是未婚少女。几个世纪以来,服装一直发挥着消费者集团"制服"的作用,因为通过服装可以区分社会阶层、贫富、居住区域、性别差异,但在这一时期其历史性的作用终结了。

5.1.2.2 饮食的变化

加工食品的批量生产大大改变了人们的饮食生活习惯。种类繁多的软饮料和酒都用瓶子或铝罐包装好。软饮料包括果汁、可口可乐、百事可乐等,酒包括罐装啤酒、罐装威士忌等。加工食品生产厂商还加快了方便食品的研究步伐,每年都会新推出很多经过改良或更换了包装的"新"产品。

加工食品,特别是速食食品减少了烹饪时间,大大改变了人们的饮食生活习惯。在加工食品和速食食品没有出现之前,人们首先需要采购食材,然后烹饪,这样才能在家吃上饭。承担做饭任务的通常是女性。但是加工食品出现后,男性甚至孩子都能轻松做饭了,减轻了女性的家务劳动。

更重要的是改变了关于做饭的传统观念。一直以来,传统观念都认为准备餐食是女性的工作。速食食品的出现改变了这一传统观念。如今超市或便利店里摆满了速食食品、软罐头食品及包装好的副食,而导致现在这种状况的缘由就是高速经济增长期出现的速食食品。

同时,速食食品的增加,也使女性的做饭能力衰退。所有家庭都是一个味道,妈妈的味道渐渐从饮食生活中消失。另外,加工食品的上市还造成了消费者饮食信息的缺失。过去,消费者非常清楚菜品的原材料和调料,但是,随着加工食品频繁地更新换代,所有原材料只是简单地标注在包装上。如果不标注或标注不正确,消费者就无法确认其原材料。

5.1.2.3 居住环境的变化

"二战"时由于空袭，日本城市中的大多数住宅都被烧毁了。战争刚结束时的东京，60万户中有93 000户没有住房，他们在防空洞或临时棚屋里生活。即使进入高速增长期，住房的问题还是没有得到解决。1955年，日本建设省（现在的日本国土交通省）预计日本全国有270万户没有住房或住房紧张。就像1959年的建设白皮书中所说，"住房情况还处于战争刚结束的阶段"。随着经济的高速增长，城市中的住房难问题愈加严峻。为了解决这一问题，首先出现的是2DK[①]规格的居住空间。这种居住空间首先出现在1955年由当时的住宅公团开发的练马区光之丘团地的公寓中，此后渐渐推广开来。至少到20世纪60年代末，2DK规格的居住空间都是城市中的标准居住空间，同时也是消费者梦寐以求的居住空间，这种新的建筑的建设思想也符合新时代发展的要求。新时代重视家庭隐私，家庭生活以夫妻双方为中心，需要减轻女性家务劳动的负担，同时也符合那时出现的家庭至上主义思潮。日本的2DK住房去掉了日本传统住房的玄关、壁龛和佛龛，面积也较传统住宅小了许多，但确保了核家族能够幸福生活所需的所有空间。大门上挂上了锁，确保了各家的隐私。在房间分割上，特意隔出了夫妻的卧室，进一步确保夫妻俩的隐私。这和几乎没有隐私的传统住宅相比是一个很大的变化。去掉了传统住宅中随处可见的祖先的痕迹，也没有为访客准备的空间，只有核家族的私人空间。另外，房间里配有浴室也是它大受欢迎的原因之一。一旦走进家门，2DK就是一个可以完全放松的私人空间。随着这种公寓的普及，存在了几百年的公共澡堂渐渐消失了。

2DK住房将吃饭和睡觉的地方分离，并且有了餐桌餐椅。传统的日本住宅中，矮脚饭桌就是吃饭的空间。就餐空间的变化也顺应了日本人饮食西化的趋势。水槽由原来的石头材质变为不锈钢材质，并且还增加了极具功能性的配餐台、操作台、橱柜等设备。这样一来，减轻了主妇们的家务劳动强度。

不仅如此，最重要的是DK形式引发了文化革命。DK意味着厨房和餐厅在一起，为了就餐必须进入厨房。因此这种建筑构造改变了"君子远庖厨"的

---

① DK是指餐厅（dining room）和厨房（kitchen），是房间布局的名称。2DK指寝室、起居室各一间并带一间兼餐厅的厨房。

传统文化。经济高速增长期以前的中流社会阶层及其上流阶层的日式房屋中，厨房和餐厅是分开的。厨房是女人的圣地，男子禁止入内。传统观念甚至认为进厨房的男子没出息，不能出人头地。而这一观念被 DK 轻松瓦解了。

2DK 的面积大概是 50 到 70 平方米，也被称为"兔笼"。但是对于刚结婚的夫妇来说完全够了。关于住房的面积，日本人认为只要达到家庭成员年龄的总和就可以了。比如说，25 岁的丈夫和 22 岁的妻子结婚，两个人有 47 平方米就足够了。10 年后，如果有 7 岁和 5 岁两个孩子的话，那就需要 79 平方米。20 年后就必须要有 120 平方米左右才觉得满足。

对住房面积的要求，随着城市人口年龄的增长而增长。因此，对 3LDK[①]、4LDK 以及独栋住宅的需求越来越大。这种对住宅面积的需求，促使人们寻找便宜的地段，使得城市人口进一步郊区化。而住大房子的代价就是交通时间成本的上涨，通勤时间少则一个多小时，多的需要花费近两个小时。为了满足人们对大面积住房的需求，也诞生了相应的新产品。比如装配式房屋，如大和房屋推出了整体儿童房，广告中大肆宣传的卖点是花费 11 万日元，三个小时就能建成。

很快装配式住宅的技术扩展开来，松下、丰田、积水化学也都纷纷加入这一新的产业。自此，住宅零件标准化，并得以在工厂批量生产。和传统的木工手工打造的木制房屋相比，虽然使用寿命短，但是工期短、价格低。

住宅区、公寓和装配式住宅的出现，使消费者的住宅观念发生了革命性的转变。传统的住宅地基打得牢，材料用得好，可以住好几代人，是可以代代相传的家产。现在在日本还有很多老房子，只要重新装修仍然可以居住。并且在传统的住宅里到处可以看到祖先的痕迹，如佛龛、挂轴、日常家具用具、庭木等。但是这一时期新住宅却变成了只能供核家族一代人使用的年限短的消耗品。这也和日本社会由几代同堂的复合直系家族向核家族转变的过程相吻合。这种新的住宅样式在建筑层面象征着传统"家"制度的瓦解。

新住宅密闭性好，通风性差，改变了日本几个世纪以来传统的建筑样式。不仅如此，住宅还渐渐失去了个性，无论去哪个城市，看到的都是相同结构的住房。不仅在城市，农村也发生了同样的变化，预制装配式住宅取代了传统的

---

① LDK 意为起居室（living room）、餐厅（dining room）和厨房（kichen）。3LDK 指三居室带餐厅兼厨房。

草茸屋顶房屋。

5.1.3 消费欲望

在经济高速增长期人们对耐用消费品拥有强烈的购买欲望，如电视机、冰箱、洗衣机、吸尘器、电饭锅、煤油取暖炉、立体声音响、空调、轻骑摩托车、汽车等。在经济高速增长前期，被称为"三种神器"的黑白电视机、洗衣机和冰箱对消费者的吸引力最大，它们大大改变了消费者的消费方式。20世纪60年代初期，日本人把洗衣机、冰箱和黑白电视机称为"三种神器"，购买三种神器成为当时人们的目标。现代化家用电器的普及使人们的家务劳动负担大大减少，对女性进入社会工作发挥了积极的作用。进入20世纪70年代，又出现了"新三种神器"，简称为3C，分别为汽车、空调和彩电。生产这些耐用消费品的企业捕捉到了人们旺盛的消费需求，于是追加投资，而投资带来收入的增加，又引起新一轮的消费需求，新一轮的消费需求继续引发投资需求。在这种良性循环中，日本经济高速增长。

如图5-4所示，三种神器以惊人的速度得以普及。1965年大约50%的家庭拥有三种神器，到了1970年，90%的家庭拥有三种神器。消费需求的扩大又促使市场进一步扩大生产规模，降低价格，提高产品性能，此举又进一步刺激了消费者的消费需求，由此形成了良性循环。

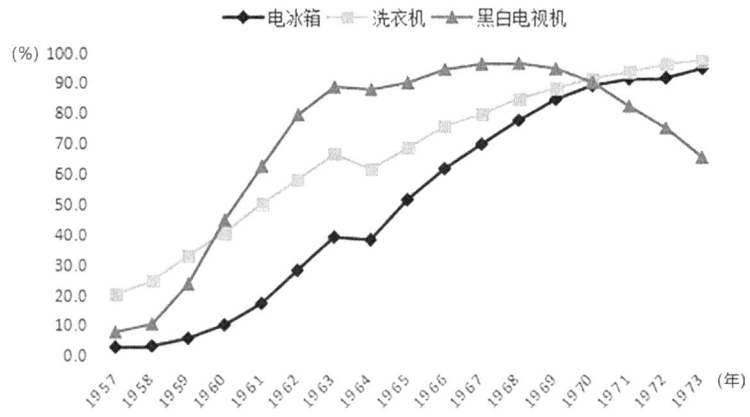

图5-4 1957—1973年日本"三种神器"家庭拥有率

资料来源：日本内阁府经济社会综合研究所"消费动向调查年报"。

5 经济高速增长阶段（1956—1973）的消费模式

三种神器在进入高速经济增长期前就开始销售了。进入高速增长期后，通过产品改良，这些商品的性能得到了进一步的提升。黑白电视机增加了自动调整功能，并且尺寸也越来越大。1966年彩色电视机上市。

电视机的价格也越来越便宜。1954年上市的松下14型电视机的售价是12.5万日元，约为当时普通工薪阶层平均月工资的6倍。而到了1955年，同类型的电视机售价89 500日元，1960年售价降至58 000日元，而平均月工资在1960年涨至27 349日元[①]。普通民众两个月的工资就可以购买一台电视机。

电视机的普及还使消费者在获取消费信息上发生了很大的变化。电视使封闭的住宅空间变成了能看电影、电视节目和电视剧的娱乐场所。通过看美剧，人们了解到了美国人的生活方式。通过看电视新闻，在家里就能了解日本乃至世界上发生的重大事件。这也是1959年日本明仁皇太子结婚和1964年东京奥林匹克运动会的召开会加速电视机普及的原因。

洗衣机和电视机一样，功能越来越多，价格越来越低。1952年日立刚开始销售洗衣机时，价格为53 900日元。1954年以后开始向市场提供2万多日元的洗衣机。电冰箱也一样，1952年90升的小冰箱售价约为8万日元，但进入20世纪60年代后，虽然功能增加了很多，容量也大了，但是价格却跌到了五六万日元[②]。和黑白电视机一样，普通工薪阶层两个月的工资就能购买一台冰箱。

洗衣机和电饭锅、吸尘器一样，都大大减轻了家务劳动的强度，特别是增加了女性的自由时间。这样女性就可以花更多的时间投入到孩子的教育以及公共社交中了。电冰箱则增加了家庭的食物储藏能力。

以三种神器为代表的耐用消费品不断地推陈出新。如1957年出现的电被炉、电热毯、电水壶；1959年出现的电饭锅、电池式电动剃须刀；1960年出现的洗碗机等，几乎每年都有新产品面市。

而对于已经普及的耐用消费品，生产商不断地增强其性能、提升其品质。高速经济增长期的耐用消费品市场以快速的技术革新为背景，不管是质量还是数量都获得了日新月异的发展。

[①] 田村正纪.消费者的历史[M].東京：千仓书房，2011.
[②] 同上.

这一阶段消费者的消费需求开始受快乐主义支配。基本欲求得以满足后，消费需求并不会减少，反而会增加。家庭电器化进一步发展后，人们对于电器的需求非但没有减少，反而增加了。

20世纪60年代末期，人们开始普遍追求更高性能的商品，开始了3C时代。3C是指彩色电视机（彩电）、空调和家用小汽车。

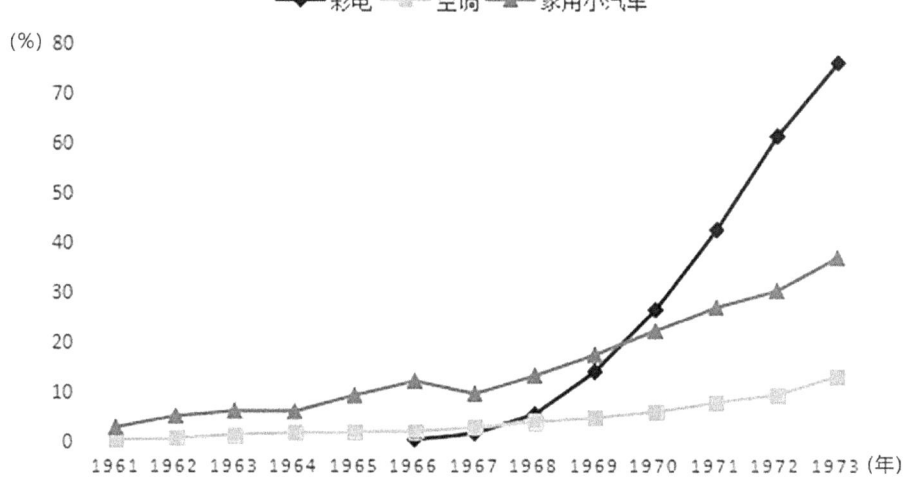

图 5-5　3C 的普及率（1961—1973）

资料来源：日本内阁府经济社会综合研究所"消费动向调查年报"。

空调从1960年前后开始上市，但是由于价钱高、占地大和有噪声等问题迟迟得不到普及。20世纪60年代中期，空调由原来的一体机变为分体机，解决了占地和噪声等问题后，在住宅区和公寓开始安装。如图5-5所示，空调的普及率由1961年的0.4%上升为1969年的4.7%[1]。随着空调的普及，封闭的住宅空间也能适应日本夏天潮湿闷热、冬天阴冷的气候了。

1960年，由于彩电价格高，再加上电视节目较少，所以彩电一直没能普及起来。1960年，松下生产的21型彩电售价高达50万日元。此后，价格下降，1965年19型售价19万8000日元。并且，随着消费者收入的增加和电视节目的充实，1969年，彩电的普及率达到了13.9%[2]。一般来说，商品的普及率达到

---

[1] 日本内阁府. 消费动向调查［EB/OL］. http://www.esri.cao.go.jp/jp/stat/shouhi/shouhi.html.
[2] 同上。

10%以上就会迅速普及起来。20世纪60年代后半期，彩电进入了普及的加速期。到了1973年，日本社会彩电的普及率高达75.8%[①]（见图5-5）。

1961年在日本普及率不过2.8%的家用小汽车到了1969年增长为17.3%，进入普及加速期。家用小汽车的普及得益于马自达、丰田等推出了30万日元的大众车型，还得益于人们收入的增加以及1965年名神高速路的通车。

随着小汽车的普及，人们的流动性增强，消费生活发生了革命性的变化。进入20世纪70年代后，人口进一步向郊区集中，农村生活城市化，购物中心选址郊区引起购物方式的变化，旅游等娱乐生活出现多样化的趋势。

5.1.4 年轻消费者的出现

在经济高速增长期，出现了新型消费者，那就是年轻消费者。他们的特征是不再以家庭为单位进行消费。

长期以来，日本的年轻人在重孝的伦理道德下，在"家"的制度中，谨记父母的教诲，几乎不会进行个人消费。他们毫无怨言地使用父母给自己购买的商品，主妇成为年轻人的消费代理人，年轻人几乎不可以自己决定购买何种商品。但是，进入经济高速增长期后，东京等大城市开始出现以独立消费者的身份展开消费活动的年轻人。

1956年出现了"太阳族"。"太阳族"的出现源于日本作家石原慎太郎[②]于1955年出版的小说《太阳的季节》。书中的主人公出生于富裕家庭，自幼娇生惯养，不学习、不劳动，生活奢侈、放荡，不遵守社会秩序，不讲道德伦理，藐视一切、醉生梦死，是纯粹的家庭与社会的寄生虫。人们称作品中的这些人物为"太阳族"，而称这种内容的日本作品为"太阳族文学"，同类内容的日本电影为"太阳族电影"。当时的年轻人深受这些文学作品和电影的影响，竞相模仿其中人物的穿着打扮，留着运动式发型、戴着墨镜，穿着夏威夷花衬衫，在湘南海岸一带到处游玩。社会舆论认为太阳族电影给青少年带来很坏的影响，遭到了妇女团体的反对。

1959年，又出现了"霹雳族"，这些年轻人无视交通规则，将摩托车的消

---

① 日本内阁府.消费动向调查[EB/OL].http：//www.esri.cao.go.jp/jp/stat/shouhi/shouhi.html.
② 后官至东京都知事。

音器拆除，骑摩托车时故意发出很大的噪声，横冲直撞。

1964年，在东京银座Miyuki大街的街头，又出现了成群结队的高中生模样的年轻人，他们被称为"Miyuki族"。他们受同年出版的以年轻人为受众的杂志《平凡一击》的影响，男孩子穿着中裤，腋下夹着当时很流行的"VAN"牌的纸袋。女孩子上身穿白衬衫，下身穿长裙，脚蹬圆头平跟鞋，脖子上围着薄围巾，腰间系腰带，并在背后打上蝴蝶结。她们手上挎着大纸袋、麻布袋、藤筐或竹筐，这些包或筐里有时会装上校服。她们会在咖啡店的厕所里把校服换下来[1]。

1966年，在东京原宿车站周围开始聚集很多年轻情侣，他们多为20岁左右的上流社会的子弟。他们打扮时髦，开着跑车或摩托车，发出很大的噪声，到处追逐女孩子。他们被称为"原宿族"。他们随意进出他人的院子，使附近的居民备受困扰。正是从这时开始，东京的原宿、涉谷开始成为年轻人的街道。

这些年轻人的出现大大打击了战前出生的人们。虽然日本已经成为民主国家，但是战前出生的人们在年轻男女的交往上还是保留着儒教或"女大学"中所宣扬的伦理道德。他们认为十几岁的年轻人应该专心学业、工作或女红。

日本的传统做法是由家庭或者单位监督青少年的行为。但是随着经济高速增长，很多年轻人从农村走向城市。他们中的绝大多数人在城市就业，工资逐年增长，经济能力也越来越强。并且由于离开了父母，也就没有人监视他们的行为了。同时城市中的家庭收入增多，家长给孩子的零花钱也增多。再加上住在郊外的团地族[2]，由于夫妻双方均需工作，因此越来越多的家庭无法监督孩子的行为。1963年，"挂钥匙的孩子"成为当年的流行语，是指因父母为双职工等原因必须自己带钥匙回家的孩子。

拥有可自由支配的金钱，远离父母监视的年轻人处于大城市充满诱惑的环境中，这是年轻消费者得以出现的社会背景。经济高速增长期的年轻消费者多为初中或高中毕业后就业的城市中的年轻人，或者不能专心学业的上流社会的子弟。当时普通的大学生还不是消费者。几乎所有的男大学生全年都穿学生制

---

[1] アクロス编集室. ストリートファッション 1945－1995 [M]. 东京：パルコ出版, 1995.
[2] 住在住宅区的居民。

服，夏天穿白衬衣。在大学的课堂上，夏天是白色，其他季节都是黑色。1955年大学生中女生占12.4%，1970年女生占18%[①]。大多数女大学生的打扮是白衬衣配百褶裙。当时的大学生或为毕业后能在大公司就职而努力学习，或热衷于参加安保斗争、学园纷争等学生运动。

从人口构成来看，随着出生率的增加，战后出生的年轻人越来越多，他们对消费社会的影响也越来越大。而包括大学生在内的年轻消费者真正出现是在20世纪70年代以后。前面所说的"太阳族""霹雳族""Miyuki族""原宿族"等都是70年代以后年轻消费者兴起的预兆。

5.1.5 团块世代的消费特点

这一时期虽然商品种类较少，但商品实现了批量生产，且普及的商品主要都是生活必需品。消费者并不在乎商品的个性、设计，别人有的自己也要购买，购买和周围朋友邻居一样的商品。这一时期消费的典型特点是在购买消费品时具有明显的"求大"心理，汽车、电视等消费品均越买越大。由于这一时期平均工资年增长率在20%左右，因此不断追求大件的消费品也是理所当然的。

这一时期的另一个典型特点是以家庭为中心进行消费。每个家庭随着孩子的成长需要更换生活中的消费品，自然也就导致了汽车、房子等消费品越买越大。这样的消费又刺激了经济的增长。其中，占人口比重最大的"团块世代"做出了很大的贡献。团块世代是指日本在1947年到1949年之间出生的一代人，是日本"二战"后出现的第一次婴儿潮人口。在日本，团块世代被看作是20世纪60年代中期推动经济腾飞的主力，是日本经济的脊梁。可以说这一时期消费的主体就是团块世代，由于这一群体人口众多，因此通过流水线生产的标准化商品成为标配。而且，团块世代的女性普遍都在25岁之前结婚、生子。男性在30岁之前一般已经有了两个孩子。团块世代的特点是年龄相仿，人生轨迹相似，是最好的消费群体。他们追求相似的消费品，因此不仅仅是家用电器、汽车等商品，住宅也出现工业化、标准化的趋势。

---

① 详细数据来源于日本总务省统计局"日本长期统计系列"之表25-11。

5.2 经济高速增长阶段消费模式的形成条件

5.2.1 收入上涨

5.2.1.1 城市劳动者的收入变化

首先来看一下城市劳动者在这一时期的收入变化。

事实上，1955年日本就已经具备了有利于经济增长的所有条件。在这一年，日本自由党和民主党合并成自由民主党，奠定了稳定的政治环境。国内物价平稳，大米产量创出了历史新高，达到了1239万吨，日本彻底告别了缺粮的时代。以美国为首的世界主要国家经济状况良好，日本得以扩大出口。1955年，日本企业的出口额达到了72 238亿日元，比1954年大幅增长了23.4%。1956年和1957年又分别比前一年增加了24.4%和14.3%[①]。这种惊人的增长势头一直保持到了1970年。随着出口的增加，贸易收支出现顺差，日本经济发展成进口原材料、出口成品的模式。

日本1956年的经济白皮书以"现在已经不是战争刚结束的时候了，我们的任务就是依靠现代化来求更好更快的发展"结尾，标志着日本的经济发展进入了新的时代。1960年，池田内阁宣布收入倍增计划，向国民承诺要在10年的时间内使国民的收入翻一番。

日本企业不断从美国等先进国家引进尖端技术，增加设备投资，提高生产力。"经济、经营的现代化"成了那个时代的口号。生产力的提高，使得农村的劳动力大量涌向城市，城市，特别是大城市人口激增。例如，1955年东京人口为804万，而到了1965年增加为1087万，快速增长了30%。东京都容纳不了这么多人口后，周边的神奈川、埼玉、千叶等邻县人口也快速增长起来。1955年一都三县的总人口为1543万，而到了1965年增加到了2102万，整个

---

① 日本财务省贸易统计，"不同年代进出口总额"，http：//www.customs.go.jp/toukei/suii/html/nenbet.htm。

首都经济圈的人口在十年间增长了559万[1]。除了首都经济圈之外，阪神城市圈等城市圈和一些中心城市也出现了同样的情况。原本的城市设施容纳不了如此多的新增人口，于是人口渐渐向郊区移动，住房的集中建造热潮应运而生。短时间内，城市周围竖起一栋栋住宅，而配套设施却没有跟上，导致后来出现了污水垃圾处理、交通拥堵等一系列城市问题。直至今天，到了暑假或元旦，大城市和周边城市间还是会出现交通拥堵的现象，也可以看作是经济高速增长期人口流动带来的持续影响。

在这样的社会背景下，城市中劳动者的工资水涨船高。在经济高速增长的前期，工会对工资上涨做出了巨大的贡献。战前不可想象的劳资纠纷，随着战后劳动民主化的开展成为可能。在企业业绩好的情况下，主张涨薪的劳资纠纷是非常有效的。进入高速增长期后，劳资纠纷的件数迅猛增长，城市中的劳动者通过要求涨薪的运动分享到了经济高速增长的果实。

不久之后，除了涨薪运动，还出现了另一个现象。那便是年轻劳动者不足和年功序列制[2]之间的相互作用。当时，17岁以下的初中毕业生在工厂里工作。伴随着企业设备投资的激增，对年轻劳动力的需求越来越大。如果将1955年的劳动力需求看作1，那么到1965年，对初中毕业的年轻劳动力的需求增加到3.38倍，对高中毕业的年轻劳动力的需求增加到4.86倍；到1970年分别增长到5.24倍和9.81倍[3]。

劳动力的短缺使实际工资迅速增长。以1955年的工资收入作为标准，1965年增加为2倍，1970年增加为4倍[4]。这一变化直接导致农村劳动力的大量流失，造成许多农村因缺乏必要劳动力而人口过少，同时对城市劳动者的收入影响也十分巨大。

日本的工资制度长期以来实施的都是年功序列制。最年轻劳动者的工资上

---

[1] 日本国势调查，全国及各都道府县男女人口总数及男女人口比例（1920—2015年），https://www.e-stat.go.jp/stat-search/files?page=1&layout=datalist&toukei=00200521&tstat=000001011777&cycle=0&tclass1=000001011778&result_page=1&second=1&second2=1.

[2] 资历工资制，年资工资制。把学历、年龄、连续工作年限等作为晋升和提薪的主要判定标准。重视工作者的资历与成绩。

[3] 数据来源于日本厚生劳动省职业安定局雇佣政策课《新毕业生的劳动市场》。

[4] 数据来源于日本总务省统计局"日本长期统计系列"之表20-7-a和表20-7-b。

涨，也迫使年长劳动者的工资上涨。但是，与年轻劳动者的工资上涨幅度相比，年长劳动者的工资上涨幅度较小，结果导致各年龄层之间的工资差距日益缩小。随着升学率的提高，高中毕业生和大学毕业生的工资每年都有增长，比他们年长的劳动者的工资也随之增长。1955年，劳动者的平均月工资为24 099日元，1960年涨为34 187日元，1965年涨为53 714日元，1970年涨为94 759日元[1]，从1955年到1970年的15年间，工资增长了293%，平均每年增长近20%。

5.2.1.2 农民的收入变化

那么，这一时期，农民的收入又有怎样的变化呢？农民的收入和城市劳动者一样，随着经济的飞速发展增势迅猛。但是支撑其收入上涨的社会背景与城市劳动者有所不同。经过战后的农地改革，佃农的数量减少，没有农民再为高额的佃租发愁了。但是，伴随着经济的高速增长，人口都涌向了城市，农村人口流失现象严重。1955年，日本农村人口3 954万人，占其全国总人口的43.9%，而到了1970年，降至2 924万人，占全国总人口的27.9%[2]。而这种农村人口总数和比率的下降之后还一直持续着。

同时，农村的家庭规模也由一直以来的6人降至4人，劳动力减少。然而随着农药和农业技术的进步，生产效率提高了。再加上自民党政权将农村作为重要的选区，因此对农村实施优厚的保护政策，通过大米收购价确保农户的收入。1961年制定农业基本法，资助农户开展除大米之外的其他农作物的种植。另外，日本政府对农户的征税标准也很低，工薪阶层的征税标准是收入的九成，个体经营者为六成，而农户仅为四成。

然而对农民收入影响最大的还是"兼业农家"[3]的增加。战后的土地改革将大地主的土地分给了各个佃户，因此大多数农户分到的田地都很少。而战后随着农业技术的进步，产生了剩余劳动力。于是，农户中的主要劳动力奔赴工厂、政府工作，或去城市打零工，留下妇女、老人在家从事农业生产。因此，

---

[1] 数据来源于日本总务省统计局"日本长期统计系列"之表20-7-a和表20-7-b。
[2] 数据来源于日本总务省统计局"日本长期统计系列"之表2-11。
[3] 家庭成员中除从事自家农田的生产者以外另有成员从事其他工作的农户。在日本分为以农业生产为主的第一兼业农户和以农业生产为辅的第二兼业农户。

日本的兼业农家又被称为"三老农业"①。经济高速增长下，农民的非农业收入也越来越多，且占家庭总收入的比例也越来越高。1955年非农业收入占农户家庭总收入的30%左右，到了1965年超过50%，1970年更是占到了三分之二。农户家庭的总收入的增长率甚至超过了城市劳动者的工资增长率。

1960年池田内阁提出的"收入倍增计划"得到了彻底的落实。不仅平均收入增加了，由于城市劳动者和农户的收入都得到了提高，因此收入分配不均的现象渐渐消失了，下层阶级减少，中层阶级增多，且中层阶级的收入稳步提升。这是大众消费社会诞生的基本条件。

5.2.1.3 可自由支配收入

收入增加，产生了可供自由支配的收入。人们的收入除了购买基本的生活资料，还有了富余。这一倾向，从恩格尔系数的变化中也可略见一斑。表5-1为日本社会1956—1973年恩格尔系数的变化。

从表5-1中可以看到，恩格尔系数逐年降低。1962年开始降低到了40%以下，标志着日本国民的生活已步入富裕阶段。到了1973年恩格尔系数更是降至31.9%。由此看，至少绝大部分家庭都拥有了可自由支配的收入，再加上人们能够自由选购消费品，这成为大众消费社会诞生的基础。

表5-1 1956—1973年日本社会恩格尔系数

年份	恩格尔系数（%）	年份	恩格尔系数（%）	年份	恩格尔系数（%）
1956	45.0	1962	39.0	1968	35.5
1957	44.4	1963	38.7	1969	34.6
1958	43.8	1964	38.1	1970	34.1
1959	42.4	1965	38.1	1971	33.3
1960	41.6	1966	37.3	1972	32.7
1961	40.3	1967	36.8	1973	31.9

资料来源：根据日本总务省统计局"家计调查"计算而成。

---

① "三老"指老妈妈、老爷爷、老奶奶。

5.2.2 市场营销的作用

经济的高速增长使城市劳动者和农民都拥有了可自由支配的收入。恩格尔系数的下降也表明可自由支配收入增加了，但是可自由支配收入的增加并不一定就能增加消费，形成大众消费社会。因为人们还可以将多余的可自由支配收入用于储蓄，而不一定要用于奢侈消费。

那么，什么能决定人们到底将钱用于奢侈消费还是储蓄呢？归根到底是看消费者是否拥有想要进行奢侈消费的欲望。如果没有这种欲望，那么可自由支配收入就会用于储蓄。但是，对奢侈消费的欲望和对必需消费的欲望是不一样的。必需消费源自人的物理需求，比如肚子饿了，自然就有了食欲；感到冷了，自然就需要衣服；为躲避恶劣的天气，自然就需要有房子。这些生活必需品的消费是固定的，而可自由支配收入和奢侈消费之间则不存在这种关系。如果消费者在琳琅满目的商品中并没有发现自己想要的消费品，那就不会产生进行奢侈消费的欲望。奢侈消费品通常是以前没有的新商品。而通常这些商品在进行具体的市场营销之前，消费者并不会自然产生想要购买该商品的欲望。

在电视机、冰箱、洗衣机、空调、电脑、手机等商品真正上市之前，绝没有一个消费者会主动购买。市场营销的作用就是把商品推向市场，使消费者真正产生想要消费的欲望。

另一方面，光靠技术革新大众消费社会也不会应运而生。包括技术革新在内的设备投资所需的资金巨大，为消化这种投资风险，不仅需要依赖出口市场，也要求国内有一个稳定的巨大的消费市场。在日本，战后的民主化、收入的增加、人口向城市集中以及国民想要提高生活质量的共同欲望合力形成了大众消费社会所需要的消费市场。战后，社会经济结构的重组带来的种种变化给新产品提供了一个巨大的稳定的潜在市场。

"二战"前，主要由百货商店承担市场营销的作用。到了经济高速增长期，除了百货商店，生产商也加入市场营销的队伍中。这些生产商大量生产新产品，不断地投入消费市场，商品世界发生了巨大的变化。批量生产使某些过去人们想都不敢想的奢侈品唾手可得。为了更好地宣传新产品，生产商们充分运用了电视、广播、报纸、杂志等媒体打广告。当然,并不是打了广告商品就能马上卖出去。广告的作用充其量不过是将产品的性能特征介绍给消费者[1],但当某商品确实具有划时代意义时,广告就会产生很强的说服力,也会提高消费者的购买欲。特别是在经济高速增长期,可以运用电视这种强有力的广告媒体。广告中不断出现的新产品,改变了人们固有的生活方式,引发了消费革命。

5.3 经济高速增长阶段消费模式的演变

5.3.1 生活价值的变化

5.3.1.1 大众型物质主义

在大众消费社会诞生的过程中,消费者的生活价值发生了很大的变化。首先是从禁欲主义向物质主义的转换。几个世纪以来,日本人的生活都由主张节俭的禁欲主义支配着。提倡禁欲主义是为了维持武士道,为了使农民在贫困中度过艰苦的日子,为了建成军事强国或实现战争。在日本,儒教道德和军国主义都大大地美化了禁欲主义,认为物质主义是不道德的。

所谓物质主义是重视与衣食住或和娱乐相关的物品、财物,以及获得这些财物所需要的金钱的想法。它是快乐主义的下级含义,是追求快乐主义的一种手段。如果重视物质主义,那么生活的幸福指数与舒适程度就与精神世界是否丰富没有关系,充斥着大量商品的生活就是幸福舒适的生活。历史上,大多数上流阶层过的就是物质主义的生活。

大众消费社会诞生后,物质主义在中流阶层中普及起来。战争期间的消费管制以及战争刚结束时的物资匮乏使人们对物质的欲望长时间受到抑制,收入

---

[1] 田村正紀.マーケティング・メトリクス[M].東京:日本経済新聞社,2010.

增加、商品丰富后，长时间被压抑的对物质的欲望一下子得到了解放。但是，中流阶层的物质主义从形式上和上流阶层的物质主义还是有很大区别的。因为，中流阶层所追求的是批量生产出来的商品。

在批量生产之前，大多数奢侈品注重材质的稀缺性和生产者的工匠技艺。上流阶层的物质主义重视和下一级阶层之间的差别在于，它们追求下一级阶层所购买不到的稀缺商品。

而批量生产的商品则不具备这一功能。耐用消费品是批量生产的商品，只在刚投入市场的时候才能称为奢侈品。因为随着消费市场的扩大，以及产品的更新换代，商品的价格会急速下降。大多数奢侈品变为必需品就是因为价格的下降。

对于批量生产的商品来说，判断其是奢侈品还是必需品主要依据购买时期，购买时期受消费者社会地位的影响。特别是由于批量生产而价格下跌的商品，使用的先后顺序一般为上流阶层、中流阶层、下流阶层。而高速增长带来的收入的急速上涨缩短了中间的时间差。

批量生产的商品不再具备稀缺性，谁都能买到。随着家务劳动负担的减轻，女性得到了越来越多的可自由支配的时间。中流阶层的物质主义是一种大众型的物质主义。大众型物质主义所追求的新商品往往适应了城市化、核家族化、男女平等、女权运动等战后民主化所产生的新型社会关系。随着城市化的进程，多数中流阶层搬迁到郊外的小区、公寓等集中住宅区。居住环境的变化也进一步促进了大众型物质主义的发展。经济学家们说的"攀比效应"在这一时期发挥了很大的作用。人们为了不落后于时代，不落后于潮流而购买商品。而中流阶层由于集中住在一起，这种攀比效应发挥的作用就更大了。消费者在这样的环境中进一步大众化，大众化是指对自己和他人保持一致感到喜悦[①]。核家族化虽然使人们远离了传统的"家"的束缚，但是在城市集中居住的环境中，中流消费者们的消费行为又受到了来自社区的新的约束。

---

① オルテガ.大衆の反逆[M].東京：中公新書，1966.

5.3.1.2 消费水平决定收入水平

随着高速增长期的进一步发展,中流阶层所必需的消费品数量也日益增加。不仅需要各种各样的家电产品和时尚商品,住进郊区的大房子后,客厅的全套家具、空调、家用小汽车等昂贵的商品也变成了生活的必需品。另外,购买了住房的消费者还需要还贷。

已有商品随着功能的进一步升级,价格上涨。例如,1969年,黑白电视机的价格为63 700日元,这时彩色电视机的售价是158 000日元[1],彩色电视机的售价是黑白电视机的2.48倍。

同样是中流阶层,有的人的收入可以应付商品世界的扩大和变化,有的则不能。根据经济法则,某一时期的消费水平由收入决定。当收入不能支付购买所有想买的商品时,消费者会降低自身的消费水平。而在高速经济增长期,日本的大多数消费者却没有那么做。他们并没有做到衣食足而知止,反而是开始选择能够支付自己所需的收入。这样一来,在日本,收入决定消费的关系就颠倒了。因为收入水平由消费者心目中理想的消费水平来决定。

那么为达成选择收入的目的,消费者又采取了怎样的策略呢?首先是长时间的工作。随着战后劳动的民主化,超过规定时间的劳动能获得加班费。到高速增长期中期,越来越多的公司职员牺牲掉和家人一起共进晚餐的机会,拼命工作。

还有一个选择收入的方法是妻子也出去工作。虽然女性结婚生子后想再回到原来的工作岗位是不可能的,但是她们可以打零工。1955年,妻子的收入是每月395日元。之后持续上涨,1960年为893日元,1965年为2823日元,1973年为9394日元,18年涨了近23倍。而同一时期,户主的工资仅增加了近5倍,妻子收入的增幅大于一家户主的工资增幅,妻子的收入在全家收入中的比重也迅速增加,由1955年的1.35%增至1973年的5.66%(参见图5-6)。而实际上,打零工的工资上升率低于正常工资,所以比重增加说明妻子的劳动时间增加了。

---

[1] 数据来源于日本总务省统计局"日本长期统计系列"之表22-19。

图 5-6 妻子的收入占家庭总收入的比重（1955—1973）

资料来源：根据日本总务省统计局"日本长期统计系列"之表 20-2-b 和表 20-2-c 的数据制作而成。

从收入的绝对值来看，妻子们的收入是很低的。但是在这些工薪阶层的劳动者中很多人的收入处于购买新商品的临界点。所谓的临界点是指，超过它就不能购买新产品了。对于超出临界点的部分妻子们的收入就派上大用场了。

如果靠户主的加班费和妻子的打零工收入还满足不了购买欲望，消费者还有最后一个手段，那就是依靠贷款。美国流行的市场营销策略是创造有效需求。有效需求就是有资金保障的购买欲望。但是，高速经济增长时期日本的生产厂商所面临的问题是消费者有很旺盛的购买欲望，却没有足够的资金。正是为了解决这一问题，消费贷款才如火如荼地开展起来。消费贷款的本质是通过预支将来的收入提高现阶段的"收入"水平。

在高速经济增长期出现的耐用消费品的消费贷款和明治时期以来存在的按月分期付款方式有很大的差别。实施按月分期付款的主体是成衣的布料店和家具店等，这些商店运用自己的资金延缓消费者的支付期限。其使用者多为下层消费者。必须靠按月分期付款才能购买显示出了消费者的贫困，会使使用者成为被侮辱的对象。传统的消费原则是量入为出，即要将消费控制在收入可支付的范围之内。在崇尚传统消费规则的时代，按月分期付款和借钱一样，都是不道德的行为。而耐用消费品的消费贷款则是中流阶级为了购买昂贵的商品而使用的一种手段。贷款时消费者的信用和对未来收入的预期是密切相关的。借钱不光彩的传统社会观念逐步消失。能够贷款说明对贷款人未来收入的预期较高。高度经济增长背景下对收入增加的信心改变了消费者对于贷款的认识。

5.3.2 流通革命的作用

在高速经济增长期，一个不可不提的消费方式的变化便是购物地点的改变。在此之前，消费者在百货商店或各中小型商店中购物。中小型商店构成了商店街和食品市场。但是高速经济增长期超市的出现引发了流通革命。初期的超市又被称为"自助商店"。日本第一家超市是1953年在东京青山开的纪伊国屋。1955年，日本全国范围内这种自助式商店仅为40家。

但是，之后不久，自助商店的数量急遽增加。1960年增加到了1465家。1964年由日本经济产业省进行的全国自助商店全面调查"商业统计"中记载，日本全国有3620家自助商店。到了高速经济增长后期，超市连锁店开始蓬勃发展起来。这些超市连锁店在全国各个城市开设店铺。它们初期经营的商品偏向特定商品，但后来随着店铺面积的扩大，经营商品的种类也丰富起来，成为经营食品、服装、杂货等多种商品的综合性超市，但食品和服装是主力商品。由于超市连锁店进货量大，因此价格低廉。低廉的价格威胁到了商店街和百货商店。连锁超市的销售额快速增长。那么流通革命的意义是什么呢？食品和服装价格的低廉又对消费生活意味着什么呢？能够给这些问题以答案的是高速经济增长时期家计消费支出的支出项，也就是消费结构的变化。

表 5-2 日本居民每月每户各类消费支出所占比重（1955—1973）

（%）

年份	总消费支出	食物	居住	水电燃气	家具·日常家务用品	被服	医疗保健	交通·通信	教育	文化娱乐	其他消费支出
1955	100	46.9	3.1	5.6	2.2	11.7	2.2	1.8	3.5	5.4	17.5
1956	100	45.0	3.8	5.6	2.5	12.2	2.1	1.9	3.3	5.2	18.3
1957	100	44.4	3.8	5.6	2.9	12.1	2.2	1.9	3.2	5.2	18.8
1958	100	43.8	4.2	5.5	3.5	11.5	2.3	2.0	2.7	6.1	18.4

续表

年份	总消费支出	食物	居住	水电燃气	家具·日常家务用品	被服	医疗保健	交通·通信	教育	文化娱乐	其他消费支出
1959	100	42.4	4.1	5.3	4.4	11.7	2.2	2.0	2.9	6.0	18.9
1960	100	41.6	4.0	5.6	4.4	12.0	2.2	2.0	3.0	6.1	19.1
1961	100	40.3	4.5	5.5	4.9	12.6	2.3	2.1	2.8	6.2	18.8
1962	100	39.0	4.7	5.4	5.1	12.8	2.3	2.1	2.8	6.6	19.1
1963	100	38.7	4.4	5.0	5.4	10.8	2.4	3.3	3.4	7.2	19.6
1964	100	38.1	4.5	4.9	5.2	10.4	2.5	3.2	3.6	7.2	20.4
1965	100	38.1	4.4	5.0	5.0	10.1	2.5	3.5	3.9	7.1	20.4
1966	100	37.3	4.6	4.9	4.8	9.8	2.5	4.0	3.8	7.4	21.1
1967	100	36.8	4.5	4.8	4.8	9.7	2.5	4.3	3.6	7.6	21.4
1968	100	35.5	4.8	4.6	4.9	9.6	2.5	4.6	3.3	8.0	22.1
1969	100	34.6	5.0	4.4	5.2	9.5	2.7	4.8	2.9	8.7	22.4
1970	100	34.1	4.9	4.4	5.0	9.5	2.7	5.2	2.7	9.0	22.6
1971	100	33.3	4.8	4.5	5.2	9.6	2.6	5.5	2.7	8.9	22.8
1972	100	32.7	5.0	4.3	5.1	9.6	2.7	5.8	2.6	8.7	23.5
1973	100	31.9	5.0	4.2	5.4	10.0	2.6	6.2	2.6	8.5	23.5

资料来源：日本总务省统计局"家计调查"。

高速经济增长期，人们最想买的商品是能够提高生活质量的耐用消费品。从表5-2中可以看出家具·日常家务用品从2.2%涨到了5.4%，增长了2倍多。另外随着主妇自由时间的增加，包括社会交际费及美容理发在内的其他费用也从17.5%增加到了23.5%，交通·通信费用更是由1.8%涨到了6.2%。而超市连锁店经营的主力商品——食品和服装的构成比重却在持续减少。特别是食品比重的减少尤其明显。可见流通革命是在需求增长率较低的领域进行的。即便如此，超市连锁店还是取得了很大的发展。

食品和服装需求增长率低是因为这些商品中没有人们梦寐以求的东西。耐用消费品之所以需求增长率高是因为它们虽然昂贵但却是人们梦寐以求的。为了购买不断出现的新的耐用消费品，收入水平较低的消费者通过加班或者打零工的方式增加收入。还不够的情况下，他们利用消费贷款。但与此同时，他们还需要压缩其他领域的消费支出。

被选为需要节约的领域便是食品和日常服装。在这些商品领域，连锁超市导入了价格战。这种价格战对收入水平较低的消费者吸引力很大。价格低廉对消费者来说与收入上涨具有同样的效果。可以说，降低食品和服装的价格使消费者用于购买耐用消费品的收入增多了。

5.3.3 大众消费时代的消费者问题

战后复兴期后，日本迎来了高速经济增长期。20世纪60年代，由于技术革新和批量生产，消费市场出现了大量各式各样的新商品。在天然素材里加入塑料等合成树脂产品和合成纤维的衣服摆放在商店里，各种方便的速食食品和家用电器不停地更新换代，消费者积极地购买新商品，标志着真正的消费社会的到来。但是，高速的产业、经济的发展，带来了通货膨胀、物价上涨、不当说明[1]、药害[2]、公害等弊病。

1961年日本消费者协会成立，旨在让消费者掌握正确的商品知识，培养"聪明的消费者"。1969年日本消费者联盟创设委员会成立，消费者运动进一步活跃起来。各地的草根消费者团体对企业活动、国家和地方自治体的消费政策、消费者行政产生的影响力也越来越大。

另外从国际环境来看，1962年3月15日，美国总统肯尼迪向国会提出的一份国情咨文中，首先提出了"消费者的四项权利"，即有权获得商品的安全保障，有权获得正确的商品资料，有权自由决定对商品的选择，有权提出消费意见。由于该咨文对消费者具有重要的意义，因而国际消费者联盟组织以"四项权利"作为最基本的工作目标，各国推进保护消费者的相关措施的实施。在这样的环境下，日本也开始调整与消费生活相关的法律制度，如药事法、分期付款销售法、防止出现不当赠品以及不当说明的法律、家庭用品品质表示法

---

[1] 对商品或服务的质量、功能、价格、数量等方面的介绍使消费者产生误解的说明。
[2] 用于人体的医药品或用于植物体的杀虫剂、除草剂等引起的副作用。

等。1965年日本经济企划厅设置了日本国民生活局。1968年5月30日日本颁布了消费者保护基本法,后来把这一天定为"消费者日",把5月定为"消费者月"。在这项法律中,消费者成为"受保护者"。1969年日本地方自治法修订后规定保护消费者是地方公共团体的工作,各地的保护消费者条例相继出台。政府对消费者权益的行政保护迈出了新的一步。

进入20世纪70年代后,在大众消费社会的大背景下,商品的安全性逐渐成为一个很大的问题。除此之外还出现了很多新的侵害消费者权益的销售形式,如连锁推销方式(俗称传销)、老鼠会[1]、催眠销售[2]、上门销售、现金的期货交易等。消费者问题也从与商品品质、性能和安全性相关的问题,向销售方法、合同等方向转变,因此建立健全防止消费者受骗、保护消费者权益的组织机构的必要性越来越大。

经济的高速增长大大改变了日本国民的生活,恩格尔系数进一步降低,1962年后日本国民的生活步入富裕阶段。从消费角度看,这一时期的一个划时代的变化是诞生了大众消费社会,各阶层间的消费差距逐步缩小。国民收入水平的提高使消费需求结构发生变化,表现为对耐用消费品和服务的消费需求迅速增长。消费需求的扩大又促使市场进一步扩大生产规模,降低价格,提高产品性能,此举又进一步刺激了消费者的消费需求,由此形成了良性循环。

衣食住等基础生活领域发生了划时代的变化,传统观念开始瓦解。虽然经济高速增长期家庭仍为消费的基本单位,但家庭的规模变小为核家族,并且开始出现以独立消费者的身份展开消费活动的年轻人。

在大众消费社会诞生的过程中,消费者的生活价值从禁欲主义转换为物质主义。这种在中流阶层中普及起来的物质主义是一种大众型的物质主义。大众型物质主义所追求的新商品往往适应城市化、核家族化、男女平等、女权运动等战后民主化所产生的新型社会关系。

核家族化虽然使人们摆脱了传统的"家"的束缚,但是随着城市化的进

---

[1] 银会。日本民间一种以通融钱款为目的的组织。以等比级数形式增加会员为条件,给会员很大利益。1979年被禁止。

[2] 日语又称"SF商法",利用从众心理强行推销高价商品的销售方法。以宣讲会或降价销售等名目聚集人气,让消费者认为不买就是损失,最终使消费者购买高价的商品。

程，多数中流阶层搬迁到集中住宅区，他们的消费行为又受到了来自社区的新的约束。杜森贝利主张的"示范效应"在这一时期得到了印证，消费者为能与他人保持一致感到喜悦。

同时，人们的消费观念也发生了变化。当现有收入不能满足消费需求时，消费者开始借助贷款来加以解决。这一观念的转变印证了弗里德曼的持久收入假说理论，即消费者的消费支出不是由现期收入决定的，而是由持久收入决定的。也就是说，消费者根据长期能保持的收入水平即持久收入水平来做出消费决策，而非根据现期的暂时性收入做决策。消费者的持久收入是指可以预计到的长期性收入，能够贷款说明对贷款人未来收入的预期较高。高度经济增长背景下人们对收入增加充满信心。

经济高速增长阶段还不可避免地出现了消费者问题，为解决这些问题，日本政府制定了相关的法律制度，设立了相应的政府部门以及保护消费者权益的组织机构。

经济低速增长阶段（1974—1986）的消费模式

6 经济低速增长阶段（1974—1986）的消费模式

20世纪70年代前期发生了两次影响日本经济的事件，即尼克松冲击和第一次石油危机。为摆脱越南战争时期美国社会失业、通货膨胀、国际收支赤字的困境，减缓美元暴跌、大量黄金外涌的危机，尼克松政府于1971年8月15日宣布实行"新经济政策"。该政策对外采取了两项措施：放弃金本位，停止美元兑换黄金和征收10%的进口附加税。该政策导致"二战"后的"布雷顿森林体系"[①]崩溃，西方国家股价普遍下跌，严重损害了许多国家的利益，加剧了国际经济、金融的动荡。

美国政府的这一决定对日本的影响最为严重，故被日本金融界称为"尼克松冲击"。美元对日元的汇率由原来的1美元=360日元变为1美元=308日元。之后，固定汇率难以维持，1973年2月变为浮动汇率制。尼克松冲击使日元急剧升值，对日本的经济造成了很大的负面影响。为防止景气倒退，日本政府采取低利率政策，增加公共投资。但是这些措施后来引起了物价的混乱。

之后日本经济高速增长期结束。1974年到1986年，日本经济维持着年均5%的增长速度。这一时期被称为"经济低速增长阶段"。经济高速增长时期经济增长表现出内需主导型，因为经济增长主要是由旺盛的消费、投资引起的，而经济低速增长阶段经济增长则表现为出口主导型的特点。

1973年10月第四次中东战争爆发，石油输出国组织（OPEC）为了打击对手以色列及支持以色列的国家，宣布石油禁运，暂停出口，造成油价上涨。当时原油价格从1973年的每桶不到3美元涨到超过13美元。这是20世纪下半叶三大石油危机之一。由于日本经济在能源方面对石油的依存度很高，且其中的将近80%从中东进口，因此石油危机使日本经济遭受了巨大的冲击。1974年，日本首次出现战后经济负增长。

日本政府虽然采取了金融紧缩政策以压制景气过热状态，但是仍然存在供不应求的情况，出现了需求拉动型通货膨胀（demand-pull inflation）。而同时，由于石油价格飞涨，又引起了成本提高型通货膨胀（cost-push inflation），两种类型的通货膨胀直接导致了物价的大幅上涨。超市中的日常用品被抢购一空，

[①] 布雷顿森林体系是以美元和黄金为基础的金汇兑本位制，其实质是建立一种以美元为中心的国际货币体系，基本内容包括美元与黄金挂钩、国际货币基金会员国的货币与美元保持固定汇率（实行固定汇率制度）。

由此可见中断石油供给给人们带来了对物资不足的担心。同时，1973年被称为"福祉元年"，70岁以上的老人医疗免费。这一改革是社会保障制度的变革，而由于这一项庞大的支出常常导致政府财源不足。

进入1970年后，日本的制造业逐渐在国际市场上具备了竞争力，扩大了出口，实现了出口主导型的经济增长。然而，出口的扩大很容易引起贸易摩擦。从20世纪60年代的纤维贸易摩擦，到70年代的钢铁、电视机、作业机械等贸易摩擦，后来贸易摩擦又发展到汽车和录像机领域，到了80年代由于半导体和计算机领域贸易摩擦的加深，日本实行了彩电和汽车的自主出口限制。

1975年以后，日本经济逐渐恢复景气。1976—1977年，出口进一步扩大，与各国间的贸易摩擦进一步加深，各国要求日本开放国内市场。在这样的国际形势下，1975年后，日本政府发行大量赤字国债，积极运营财政。而国际汇率始终呈现日元升值的态势。1973年后1美元=290日元，到了1978年10月，日元猛升为1美元=170日元，由此带来了1977—1978年的经济萧条。日本银行采取措施，缓和金融政策，日本政府积极扩大财政支出以支撑经济。

1978年底，伊朗政局动荡，之后又爆发两伊战争，伊朗的石油产量因此大受影响，从每天580万桶骤降到100万桶以下，打破了当时全球原油市场上供求关系的脆弱平衡。随着产量剧减，全球市场上每天都有560万桶的石油缺口。油价在1979年开始暴涨，从每桶13美元猛涨至1981年的34美元，导致了第二次石油危机的出现。石油价格的暴涨会引发通货膨胀，日本银行随即将法定利率从3.5%提高到了9%，以防患于未然。同时控制过度的能源使用，"节能"这个词就是这一时期开始在日本流行起来的。

经济低速增长的原因一般被认为有以下五个：第一，农村向城市的劳动人口流入停止，从而抑制了对耐用消费品和住宅投资的需求；第二，工业化的进展减少了设备投资的机会。在经济高速增长时期，需要很多新的生产设备，而到了低速增长阶段，已具备完善的生产设备，投资的机会就减少了；第三，能源成本的上升压缩了企业的利润空间，使用节能技术迫在眉睫；第四，与欧美等具有先进技术的国家之间的接轨结束，独自开发新的技术需要庞大的研究费用；第五，需要改善由工业发展带来的环境问题，在一定程度上提高了成本。

6 经济低速增长阶段（1974—1986）的消费模式

6.1 经济低速增长阶段消费模式的表现与特征

1970年，日本流行着一句电视广告语，"从猛烈到美丽"。广告中，拿着写有"美丽"卡片的嬉皮士风格的年轻人阔步走在大街上。"猛烈"这个词很容易让人联想到为了成为经济大国人们像拉车的马那样拼命工作的那些日子。而从"美丽"这个词人们能感受到崭新的不同于以往的生活。

日本"经济白皮书"对时代的变化非常敏感。20世纪70年代前半期，日本"经济白皮书"上经常会出现"新""超越"等字样。如"日本经济的新次元"（1970），"新福利社会的建立"（1972），"超越经济增长"（1974），"朝向新的稳定的轨道"（1975），"为新的发展夯实基础"（1976），等等。这实际上是高速经济增长向低速经济增长的过渡期。经过这一转换期，消费者和消费生活均呈现出了与高速增长期不一样的特点。

6.1.1 消费者的变化

6.1.1.1 新一代消费者的诞生

虽然从与消费相关的数字上来看，日本社会风平浪静。但是在社会、心理、文化等方面，还是发生了很大的变化。其中最大的一个变化便是新一代消费者的诞生。这里说的新一代消费者指的是出生在战争期间或战后的年轻人。

1960年，日本的人口构成中，6至20岁的人最多。他们出生于1940年至1955年。之所以这个年龄层的人最多，前期是因为在战争中为了强化军事基础，日本提倡"多生""孩子多领到的配给也多"；后期是因为战后1947年至1949年爆发了第一次"婴儿潮"。

与其他年龄层的人相比，该年龄层人数较多。1970年，该年龄层的人变成了16岁到30岁，他们成为消费者，给消费社会带来了巨大的改变。他们的消费显示出了和已往消费者不同的模式，体现了年龄增长效应、时代效应和同期群效应共同作用的结果。

人们的消费活动受年龄增长的影响。同一年度，青年、中年、老年等不同年龄层的消费会有不同的显现，这就是年龄增长效应。消费活动同样也受到时代的影响。60年代、70年代和80年代的年轻人消费会体现不同时代的特点，这就是时代效应。那么，什么是同期群呢？同期群是指同一时期出生的人群，他们有着相同或相似的人生经历。日语中将处于同期群的人们称为"世代"。日语《大辞林辞典》中对"世代"做出如下解释：生まれた年をほぼ同じくし、時代の経験を共有し、物の考え方や趣味・行動様式などのほぼ共通している一定の年齢層（出生年代基本相同，有共同的时代经历，在对事物的思考和兴趣爱好、行为模式等方面基本相同的一定年龄层）。

新一代消费者的生活经历与之前的消费者完全不同。他们战后升入小学，从小在学校接受了强调自由平等的民主教育，学到了要重视自己的主张和他人的意见。另外，高中和大学的升学率逐年上升。1950年高中升学率为42.5%，1960年上升为57.7%，1970年为82.1%。1960年不过10.3%的大学升学率，到了1970年上升为23.6%，1980年达到了37.4%。特别是女性的升学率上升显著。1960年女性大学升学率仅为5.5%，1970年上升为17.7%，1980年达到了33.3%[①]。以前那种认为女性早晚要嫁人不用受教育的传统偏见一去不复返了。也正是学校教育培养了新一代消费者在自由、平等和生活价值方面与他们的父母不一样的思考方式。

新一代消费者在经济高速增长期度过了他们敏感的少男少女时期。他们的父母经历了战争的残酷，不想让自己的孩子受同样的苦，因此就容易在物质上尽可能地满足他们。父母的收入逐年增多，给他们买他们想要的东西，他们从父母那里得到的零用钱也越来越多。从20世纪60年代中期开始，很多家庭为了追求宽敞的居住环境在郊区买大房子，于是产生了独立的儿童房。他们的父母小时候通过自己的父母知道外面的世界，而新一代消费者则是通过电视、通过影像了解外面的世界。

这样截然不同的生活经历，导致新一代消费者和他们的父母必然会拥有截

---

① 数据来源于日本总务省统计局"日本长期统计系列"表25-12。

然不同的生活价值。父辈们追求的自由、平等、富裕对他们来说都是理所当然的。同时，他们认为经济上的富裕会永远持续下去，而且会越来越好。这和后来只知道经济会越来越差的泡沫经济破灭后的年轻人形成了鲜明的对比。

6.1.1.2 年轻消费者的主体化

新一代消费者的诞生使家庭消费发生了分解。之前，在日本，说到消费者一定是以家庭为单位的。几个世纪以来，日本消费的基本单位一直是家庭。特别是在购买日常生活用品时，一家的主妇充当了一个家庭的购物代理。这是由日本传统的"女主内男主外"的性别分工导致的。尤其是一个家庭中孩子的消费完全由主妇进行管理。家庭中的个人消费行为仅限于武士购买武器、町人的浮世消费以及明治之后富裕家庭家长的个人消遣和社会交往领域。

但是20世纪70年代出现的新一代消费者开始在家庭内部成为个人消费的主体。他们希望增加可自由支配收入，并按享乐主义的思想自由选择商品。他们总是被经济高速增长期中诞生的丰富的商品包围着，而且总是不断有吸引他们注意力的新商品源源不断地出现。特别是对于那些想要享受个人化音乐的年轻人来说，收录音机是他们梦寐以求的商品。1979年随身听开始发售，实现了收录音机的移动化。随身听一经面市就大受想要随时随地听音乐的年轻人追捧。而商家通过电视广告进一步刺激了这些年轻人的购买欲。

年轻人对时尚也十分敏感。从20世纪60年代后半期开始相继出现风格多样的属于年轻人的时尚。Miyuki族和原宿族们的学院式轻装，1966年披头士乐队将现代派时尚带入日本，1967年超短裙开始流行，同年嬉皮士们穿的T恤衫、牛仔裤和拖鞋也开始流行开来。20世纪70年代初，以年轻人特别是年轻女性为主要读者群的时尚杂志登上了历史舞台，如1970年的 *AN·AN* 和1971年的 *NON-NO* 等。这些杂志在卷首插图处介绍国外最前沿的时尚，以此来刺激和培养年轻消费者的时尚意识。

年轻消费者们的消费欲望随着周围商品世界的日益丰富以及推陈出新的营销手段而日益高涨。问题在于可自由支配收入和选择商品的自由是否匹配。1970年，从大学升学率来看，近80%的18岁年轻人都进入社会工作了，而他们初次任职的工资随着经济的高速增长达到了一个很高的水平，而且之后逐年增长。从当时的平均结婚年龄来看，新一代消费者几乎都是单身。这些年轻人很少将工资寄给父母或是负担父母家里的花销。特别是那些工作后还住在父母家中的年轻人，以及中流阶层以上家庭的孩子，他们的大部分收入都是可自由支配收入。而对于他们选择什么样的商品，父母是不会有任何怨言的。

20世纪70年代，高中和大学的在校生也开始拥有能够自由支配的支出。因为随着经济的增长，父母的收入增加了，从父母那里得到的零花钱就多了。成为大学生后，除了可以当小学、初中、高中生的家庭教师兼职挣钱，随着第三产业的发展，餐饮等服务行业的快速成长，还多了很多打工挣钱的机会。到经济高速增长的前半期为止，学生打工是为了缴纳学费、书本费和住宿费。但是，随着父母收入的增加，打工挣的钱就完全用来购买自己想买的商品了。

到1980年，年轻消费者进一步低龄化，其中甚至包括了儿童。这些儿童消费者是新一代消费者的下一代。到了80年代，新一代消费者的年龄为26~40岁，大多数人都成立了小家庭。这一代家庭从同期群来看，具有和以往家庭不一样的特性。特别是第一次婴儿潮时期出生的人组成的家庭。在这些家庭中，父母和子女的关系更像是朋友，父母也赋予孩子很多选择商品的权利。

6.1.1.3 家庭消费者的分解

家族周期的不同阶段，家庭消费的重点和家庭消费者扮演的角色都会发生变化。家族周期指的是结婚后有了孩子，直到孩子长大成人自立门户，一个家庭所要经历的阶段。家族周期基本上和年龄层是一一对应的。20岁到35岁是结婚生产育儿阶段，35岁到49岁孩子经历小学、初中、高中阶段。到了50多岁孩子成为大学生，踏入社会，自立门户。到了60多岁，又和新婚时一样，家里只剩下夫妇二人。

在家族周期的各个阶段，什么是消费的重点呢？二十几岁的消费重点是和朋友的交际、买车、旅行、时尚、美食等。三十几岁随着孩子进入小学、初中、高中，重点消费项目转移到了旅行和孩子的教育上面。到了四十几岁，把消费放在教育上的人进一步增多。因为增加了补习班等应试教育的消费。另外，随着孩子一天天长大，需要更宽敞的居住空间。于是购买住房的人增多，还贷成为消费重点。户主收入少的家庭，妻子也需要回归职场；家庭生活富裕的家庭，妻子可以做自己喜欢的事情，她们对提高修养的学习更感兴趣。女性的交际圈越来越广，到了五十多岁，孩子们自立门户后，她们对发展爱好和旅行的兴趣会越来越浓。

男性的角色是男人、丈夫、父亲；女性的角色是女人、妻子、母亲。男人对女人，丈夫对妻子，以孩子为纽带父亲对母亲。但是从家族周期带来的生活变化来看，在日本家庭中男性和女性扮演的角色并不总能这样一一对应。男人对女人，丈夫对妻子只出现在二十几岁的新婚时期。孩子出生后，大多数家庭都成为男人—母亲型家庭，男性只专心工作，女性负责育儿和孩子的教育问题。而女性不仅仅扮演一个母亲的角色，她们同时通过发展自己的兴趣爱好，学习各种技能扩大社交圈。女性不再仅仅是家庭消费的购买代理人，她们自身也开始作为个体消费者进行消费活动。20世纪60年代，一过早晨的上班高峰，郊区的电车便空无一人。而到了20世纪七八十年代，到了上午10点电车还是非常拥挤，坐满了出去社交的女性。

另外，以前中午在市中心酒店餐厅就餐的都是用公款吃喝的上班族，但随着生活条件的逐步改善，在这些地方就餐的人渐渐变成家庭生活富裕的主妇们。她们打扮时尚，充分享受交友的快乐。

在男性工作、女性为家庭主妇的家庭里，随着收入水平的提高，男性的自由时间越来越少，女性的自由时间越来越多。富裕家庭中的家庭主妇们充分享受了这一自由的时间。可以说，在这一时代，最享受生活的就是中流以上阶层的家庭主妇们了。和有钱没时间的丈夫们相比，她们既有时间又有金钱。

新一代消费者的父母多在经济高速增长期至70年代成家。大多数男性拼命工作的原因是教育费用的增加和房贷的重压。进入70年代后，土地价格的上涨开始超过工资的上涨。随着孩子的成长，有必要换成更宽敞的住房。因此，很多人为了偿还房贷而拼命工作，增加收入。

他们通常晚上很晚才回家，有时加班，有时和同事联络感情，有时陪客户。再加上，孩子需要上补习班，妻子打工，一家人甚至都不能共进晚餐，全家团聚的机会越来越少。男性在家庭中越来越遭受到妻子和孩子的冷遇。他们中有些人即使是在周末或节假日也要陪同客户去打高尔夫球。这一时期男性的奢侈个人消费主要为高尔夫用具、领带、打火机、笔、名牌包等。努力工作还贷的男性到了五十几岁就渐渐不被公司重用，不久就迎来了退休的年纪。作为"男人"的角色扮演完后，退休后他们想要回归家庭扮演父亲的角色，但这时孩子们已经自立门户。想要扮演丈夫的角色，但是妻子们有自己的交际圈和自己的兴趣爱好。男人们在家什么都不做游手好闲的话，甚至会被家人嫌弃地称为"大件垃圾"。在这个妻子和孩子成为独立消费者的时代，大多数拼命工作的男性在家中没有了自己的位置。

在这样的社会背景下，20世纪80年代在中年男性中间掀起了书房热。这体现了中年男性为了确保在家中的一席之地，重新体现父权、夫权的殷切希望。

从20世纪70年代到80年代，家庭不再是消费的基本单位，家庭中的每个个体成为消费主体，并逐步成熟起来。

6.1.1.4 啃老族

20世纪80年代，不结婚的倾向日益严重，越来越多的年轻人到了25岁以后还不结婚，他们成为和父母生活在一起的啃老族。这一时期的年轻人高中毕业后去东京等大城市上大学或就业的人减少，而选择就近就学就业的人增多。和父母一起居住，生活成本减少，工资可以完全用于自身的消费需要。

并且，他们从小就认为家里有电视等家用电器是理所当然的。消费市场饱和后，家电厂商陷入了困境。为了解决这一问题，他们鼓励人们要保证一人一台家电，一个房间一台家电。比如，不仅客厅要有电视，卧室、儿童房中也需要；汽车要有两辆，一辆用于男主人上班，一辆用于女主人购物；每个房间都安装空调等，以此刺激消费者的消费欲望。这一时期，最能体现消费由以家庭为单位转为以个人为单位的商品是1979年开始发售的索尼随身听，带着随身听走在大街上的正是新人类世代，他们当时正在上高中或大学。

据日本总务省统计局的统计，1980年，20~34岁和父母一起居住的啃老族中男性占32.9%，女性占26.1%；到了1990年，男性占44.6%，女性占38.8%。之后，该比率仍继续增加。

啃老族们不用支付多余的生活成本，自然拥有旺盛的消费欲望。他们的消费支出主要在时尚上。

20多岁人群的未婚率以及单身家庭的增加，加速了"家电"向"个电"转化的进程。据日本经济企划厅（现日本内阁府）的统计，1969年未满30周岁的单身人群的主要耐用消费品的保有量为每1000户中有86户拥有冰箱，到了1979年，上升为630户，2004年为902户。吸尘器和洗衣机的保有量也显示出了同样的变化。

6.1.2 购物更方便

耐用消费品和名牌等奢侈品的购买频率少，在这些商品的购买过程中也能体会到购物的乐趣，因此对消费者来说购买这些商品并没有构成负担。关键是食品等日常生活用品的购买。20世纪60年代中期之前，大多数消费者，特别是主妇们，几乎每天都会去商店街和市场购买此类商品。进入70年代以后，购物模式发生了改变。首先是在城市郊区建成了大型购物中心（SC），这是一种综合性的购物中心。到1969年为止，日本全国有169个大型购物中心。进入70年代后，大型购物中心数量快速增加。整个70年代增设了649个，80年代增设了706个。大型购物中心的面积大约在12 000平方米，其中5000平方米左右为超市，其余部分由40到50家专卖店组成。大部分大型购物中心都有宽敞的公共区域和充足的停车位。在大型购物中心可以一站购齐所有的日常生活用品。主要的顾客群是居住在郊区的有孩子的三四十岁的成年人。

大型购物中心的出现正好迎合了他们的需求。这个年龄的主妇们忙于育儿、打工和社会交际。在大型购物中心可以一站购齐所有的生活用品，而且，里面还开设有快餐店、家庭餐厅、儿童游艺设施等，非常适合周末全家购物。大型购物中心为主妇们提供了综合性的便利设施，大大节约了她们购物的时间，使生活更加合理化。

另外，消费的个体化倾向，使商业形态发生了变化。在战后经济恢复期和经济高速增长期，家庭是消费的主要单位，而超市是主要的商业形态，这时超市的营业额上涨很快。百货商店起源于战前的明治时期，销售额达到顶点是在泡沫经济时期，之后销售额就一路下滑。百货商店的销售额上涨主要出现在人们崇尚大牌的时候，当大牌对人们失去吸引力时，百货商店的销售额也就堪忧了。而从20世纪70年代开始，在日本的市中心开始出现便利店。1927年，美国得克萨斯州的南方公司首创便利店原型，1946年创造了世界上第一家真正意义上的便利店，并将店铺命名为"7-11"。1974年，日本伊藤洋华堂与美国南方公司签订特许协议并在东京丰洲推出1号店。1980年就超过了1000家，1990年达到了4000家。"7-11"的成功带动了其他追随者。日本全国的便利店在1980年约有11 700家，1990年达到了39 614家[1]。无论在日本哪个城市，都能看到便利店。此后传统型便利店作为一种独特的商业零售业态，在日本得到了飞速发展。现在日本全国的便利店达到了5万多家，年销售额超过10万亿日元，已经远远超过百货商店的销售额。超市的销售额也很受便利店销售的影响。便利店的特点是将以前分散在各个商店中的商品集中到一起出售，这些商品包括食品、零食、日常用品、文具、书、药品、化妆品等购买频率高的商品。后来又开始出售方便食品和罐装饮料，还有便当和各种服务类商品。除了商品种类齐全，便利店的店铺开设很多，人们很方便去，另外，便利店还有一个优点是24小时营业。一般的商店晚上早早就关门了，夜间的市场就被便利店独占了。便利店的这些与众不同的特点深受年轻人的欢迎。

大型购物中心和便利店在20世纪七八十年代发展迅猛，说明这一时代越来越多的消费者在购买日用品时更追求便利性。

6.1.3 喜爱名牌的消费倾向

从20世纪60年代后半期到70年代，新一代消费者数量逐年增加。他们拥有可自由支配收入，有享乐主义的消费欲望，有自行选择商品的自由。虽然作为消费者的基本条件已经具备，但他们中间大多数人尚不能将这些基本条件有机地结合起来，采取消费行为。就像幼童不知道"我是谁""我和别人有哪些不同"一样，这些新一代的消费者也不知道如何在消费活动中展现自己的个性和自我同一性。幼童看镜子会很高兴，这是因为他们从镜子里看到了自己的全身。法国思想家拉康把婴幼儿首次认识自我的过程命名为"镜像阶段"。而新一代消费者也处于消费者的镜像阶段。就像婴幼儿要通过镜子获得自我认知一样，他们也需要一面能映射自身的镜子。而充当那面镜子的就是他们周围的

---

[1] 金顯哲. コンビニエンス・ストア業態の革新[M]. 東京：有斐閣, 2001.

6 经济低速增长阶段（1974—1986）的消费模式

其他年轻人。他们在其他年轻消费者的消费活动中寻找自己的定位，进而明确和他人消费之间的类似性和差异性以形成自我同一性。他们的这种寻找自我的过程，并不是强烈的自我追求的过程，而是寻找彼此之间没有隔阂的同伴的过程。

别人是怎么样的，而自己又是什么样的？传达这个信息最有效的媒介便是衣着。在日本的历史上，衣着曾经具备表现贫富贵贱的功能。但是随着战后民主化的进展和经济的高速增长，人们之间的阶级和身份的差别渐渐消失，形成了"一亿总中流化"。在这样的时代，年轻人把衣着当成体现自身审美和爱好的媒介。和贫富贵贱相比，审美和爱好是很容易改变的。尤其是处在摸索自身审美和爱好过程中的年轻人。而捕捉到这一商机的消费市场更加剧了这种变化。

20世纪60年代到70、80年代，年轻人的时尚发生了翻天覆地的变化。60年代后半期，新一代消费者用牛仔服和超短裙挑战了老一代人的审美。从70年代中期开始，时尚潮流开始多样化起来。发祥于神户的新传统服装式样中引入了路易威登、芬迪、赛琳等国外著名大牌的元素，而起源于横滨的滨派传统服装式样则主要结合一些小众品牌。他们的时尚信息都通过《JJ》杂志传递给了年轻人。进入70年代后期，又出现了冲浪和体育锻炼的热潮，于是运动服、运动鞋的服装样式开始流行起来。人们会身着网球、篮球的专用鞋或服装以及户外登山服走在大街上。这些时尚信息又通过杂志《POPEYE》传递给消费者。这个时代还出现了一类年轻人，他们高考失利，喜欢穿着奇装异服走在大街上，他们被称为"竹笋族"。

进入20世纪80年代，大学生的比例越来越高。1970年日本大学生人数为167万，到了1980年增加为221万，1990年增加到261万[1]。在经济低速增长期，大学毕业生就业形势很好，就业时是学生选择企业。自60年代的学园纷争后，大学对必修科目的规定越来越少，再加上即使不学习也不愁找不到工作，因此学生们开始把精力放在打工挣钱上，打工挣的钱通常用于自己的日常娱乐消遣。大学也从学习场所变成了娱乐场所。

---

[1] 数据来源于日本总务省统计局"日本长期统计系列"之表25-4。

学生们通过阅读时尚杂志，开始热衷于名牌。男生穿名牌POLO衫、名牌高尔夫裤；女生则追求国外大牌箱包、首饰和服装。随着日元持续升值，学生也能去国外旅行。她们在国外名牌服饰店前排队买名牌。

年轻人在通过名牌追求差异化的同时，不断寻找能充当镜子的同伴。这二者之间其实是存在矛盾的。因为，随着同伴的增加，差异就会消失。这样又会引起对另一个新的差异的追求。这种矛盾促使名牌出现个性化、多样化以及周期缩短等趋势。名牌的多样化在20世纪80年代达到了顶点，这时期出现了很多体现设计师个性的品牌。

年轻人对名牌的狂热也影响了成年人，成年人也开始追求以前只有富裕层才会穿戴的名牌。男性追求名牌领带、手表、打火机、文具、外套、体育用品、酒等，女性则追求名牌包、手表、首饰、围巾、毛衣、鞋子、化妆品等。人们一般都会在出国旅行时在免税店购买这些商品。香港、新加坡市、夏威夷、洛杉矶、伦敦、巴黎、阿姆斯特丹等城市的免税店是当时日本人购物的理想场所。

随着名牌意识的提高，出现了新的消费关系。那就是某品牌的忠诚消费者和特定商家之间的稳定的关系。当消费者执着于某个名牌并反复购买时，消费者对于该名牌的忠诚就产生了。当忠诚度达到一定程度，商家就可以提高商品价格。而且维系老客户的费用低于拓展新客户的费用。经济低速发展时期，消费市场的规模不再扩大，因此很多商家把注意力放在名牌销售上。他们构筑品牌意识，培养属于自己的忠实客户，并把产品扩展到了生活的所有领域。但是这些品牌和国外的诸如香奈儿、爱马仕、古驰、路易·威登等大牌还是有很大的区别的。国外知名大牌通常使用最高级的材料，并由著名设计师设计，很多都是手工制作，因此价格昂贵。而日本国内品牌归根结底还是批量生产出来的商品，并且是由分包企业贴牌生产的。和非品牌商品相比，区别不在于质量的好与坏，而在是否符合消费者的喜好和生活方式。商家在做广告时也会把重点放在这方面。

品牌意识构筑成功的商品，除了服饰，还有汽车、体育用品等。在家用电器、医药、化妆品、日常用品和加工食品领域，除了顶级品牌外，大多数品牌都未能构建品牌忠诚度。而且，即使这些领域的产品拥有一定的忠实消费者，也不能采取溢价措施，因为消费者通常会在特卖或打折时购买此类商品。

6.1.4 重视服务消费

20世纪70年代后，日本服务行业发展迅猛。从就业人数的占比来看，第三产业的就业人数从1974年的50.5%增长为1986年的57.2%。在此期间，第二产业的就业人数稳定地维持在了35%左右[①]，主要是第一产业的从业人员急速减少，这部分人都流动到第三产业中。在第三产业发展的过程中，消费者也从追求某种具体的商品变为更多地想要享受服务。表6-1为每户月均消费支出情况。

12年间，日本居民每户每月平均消费支出增长到了2.03倍。十大消费项目体现了消费社会的日渐成熟，以及日益发展壮大的新的消费倾向。这种倾向的具体体现是补习班、家庭娱乐品质的提升、身体健康、均衡的饮食生活和社会交往等，总而言之，就是提高生活品质。这种新的消费倾向表明人们已不能满足于对物质的消费，还需要很多服务。比如，孩子上补习班就需要有课外教师，开展娱乐活动就需要有电影院等娱乐设施，保持身体健康就需要有健身房或完善的医疗设施，与人交际就需要缩短距离的出租车等公共交通工具。第三产业从业人员的增多也从另一个侧面说明了人们对服务的需求的扩大。

表6-1　日本居民每户月均消费支出前十名增长项（1986—1974）

排名	消费项目	增长率（%）
1	水费	4.87
2	汽车相关费用	3.66
3	电费	3.22
4	教育	3.18
5	通信	3.12
6	汇款	2.92
7	煤气费	2.71

---

① 数据来源于日本总务省统计局"日本长期统计系列"之表19-8-a。

续表

排名	消费项目	增长率（%）
8	教养娱乐服务	2.68
9	在外就餐	2.46
10	教养娱乐用品	2.31

资料来源：根据日本总务省统计局"家计调查"数据计算所得。

6.1.5 在外就餐的倾向

从20世纪70年代到80年代，日本人在外就餐费用增多，人们的饮食生活发生了很大的变化。在60年代，在外就餐仅限于公司开展业务的需要，周末很少看到普通家庭全家在外聚餐。普通消费者只有在外出旅行时才会选择在外就餐。70年代，人们在外就餐的地点只有几家，进入80年代后，餐厅增多，并且出现了洋餐厅，如肯德基、麦当劳等。这些新兴餐厅都成功实现了饮食的工业化。从食品加工工厂那样的集中烹饪设施、标准规格化的连锁店，到物流、待客流程等都实现了体系化。这一变化显示出，软技术将家庭传统的烹饪食物的功能外部化。

快餐店的服务对象是孩子、年轻人和家庭主妇等人群。在快餐店人们可以快速方便地就餐。在这期间，日本饮食文化发生了改变。例如，对于成年人来说，便当是在家里做好拿到外面吃，而对于孩子们来说，便当是外面做好的，买回家吃。家庭餐馆以核家族为服务对象，为他们提供在外家庭聚餐的机会，同时也给主妇们创造片刻的轻松。而一些时尚美味的餐厅则成为年轻情侣约会和公务就餐的理想场所。

从20世纪70年代到80年代，咖啡店和酒吧、夜总会、啤酒馆等开始兴盛起来。咖啡店的增长表明年轻人和家庭主妇等白天流动人口的增加。同样，从70年代中期开始，酒吧、夜总会的增长引人注目。到80年代，日本的主要城市中都出现了整夜霓虹灯都不熄灭的地区。比如札幌的薄野、东京的银座、名古屋的女子大小路、大阪的北新地、广岛的流川、小仓的绀屋町、博多的中州等地。过了深夜12点，大街上到处是喝醉了酒的人，出租车乘坐点往往排起长队。

夜总会的主要顾客是中老年男子。那里是勤劳工作的男人们唯一的休息场所，是能够歇口气的地方。他们身上流动着元禄时期浮世消费的血液。在一流夜总会他们能享受到身穿香奈儿等名牌服饰的漂亮女人周到的服务。喝着超过市场价好几倍的洋酒，沉醉于暂时的欢谈中。为了几个小时的聊天往往需要付出高价。但他们大多不是用自己的钱，他们的零用钱由妻子管理，少得可怜。用自己的钱喝酒的人仅限于医生和律师。大多数男性使用公司的交际费和接待费。从当时大多数企业的文化来看，接待费中的一半左右均为自己企业员工的慰劳费。接待费对中老年男子来说就像是一种附加工资。后来年轻人也加入类似的消费中，那就是迪斯科。这种夜晚的繁华景象一直持续了整个80年代。当时的人们丝毫不知道即将迎来的90年代是泡沫经济崩溃的时代。

6.2 经济低速增长阶段消费模式的形成条件

6.2.1 消费时代的转变

1970年前后，发生了很多预示着时代发生转变的事情。从经济层面来看，1968年日本的GNP成为世界第二，仅次于美国。日本经济的动向开始对世界经济产生很大的影响，同时日本受世界经济的影响也越来越大。

从20世纪60年代后半期开始，日本产业结构在重化学工业的基础上，加强了汽车和机械工业的出口竞争力。从1968年开始，由于贸易顺差，日本的外汇储备急速增加。但是国际形势不容许经济实力已成为世界第二的日本再走高速经济增长时期的老路。

首先是1971年的"尼克松冲击"。因为越南战争，美国苦于自己的赤字财政。尼克松总统突然宣布放弃金本位，改为浮动汇率制。由此，日元汇率从1美元360日元变为308日元，升值了16.8%。虽然美元大幅下跌，但是美国的贸易逆差仍在持续。而日元由此开启了一路走高的势头。日本的国际竞争力越强，日元越升值，日本经济的增长越会受到限制。

1973年爆发了第一次石油危机。同年，爆发了第四次中东战争。石油输出国组织将原油价格提高了70%，并决定阶段性地削减石油生产。这对日本来说是毁灭性的打击，因为日本的石油完全依赖从中东进口。

而此时日本国内从政府到企业、老百姓，都陷入了深深的不安。日本人好不容易从战后的废墟中辛苦建立起繁荣的经济，还没来得及好好享受也许就要被破坏了。

对于消费者来说，更糟糕的是石油危机和从之前就开始出现的物价飞涨产生了联动作用。1972年成立的田中内阁提出的列岛改造论引起了地价飞涨，进而导致了物价上涨。从消费者物价指数来看，1972年比前一年增长4.9%，1973年增长11.6%，1974年增长23.2%（参见表6-2）。物价的疯狂上涨使人们陷入极度的不安之中。

表6-2 消费者物价指数（1970—1986）

年份	指数	与上一年度增比（%）	年份	指数	与上一年度增比（%）
1970	32.5	—	1979	71.3	3.6
1971	34.6	6.5	1980	76.9	7.9
1972	36.3	4.9	1981	80.6	4.8
1973	40.5	11.6	1982	82.9	2.9
1974	49.9	23.2	1983	84.4	1.8
1975	55.7	11.6	1984	86.3	2.2
1976	61.0	9.5	1985	88.1	2.1
1977	66.0	8.2	1986	88.6	0.6
1978	68.8	4.2			

注：以2005年的消费者物价指数为100。
资料来源：日本总务省统计局"家计调查"。

另外，在老百姓中间流传着消费品匮乏的谣言，社会心理的恐慌由此产生。特别是中老年消费者，他们很容易就联想起战争期间物资匮乏的情形。甚至出现了超市门前消费者排队抢购手纸的现象。1973年至1975年，日本经济出现了战后最萧条的景象。

日本政府通过银根紧缩的政策意图努力控制通货膨胀。另外，为了应对石油危机，1973年日本提出了和战争期间统制经济一样的统制法案，如石油产品供给安定法和国民生活安定法等。同年，还进行了雇佣保险制度的修订。新修订案中划定了发展不景气的行业，并规定当这些行业削减从业人员时，一部分工资由雇佣保险基金支付。这项制度后来得到了有效的利用，而统制法案实际上后来并没有实施。不管怎么说，银根紧缩的政策取得了成效，1975年以后消费物价逐年降低。

为了复苏经济，日本产业界做出了种种努力。当生产设备过剩，就马上减产削减从业人员。幸好，从20世纪60年代后半期开始，金融、保险、服务业等第三产业快速成长了起来。第三产业吸收了第二产业的剩余劳动力。各个企业的工会也以实际行动支持企业的减产经营，之前很多工会要求增加工人的实际工资，这一阶段也只要求增加物价上涨的部分了。

1975年，劳务纠纷案最多，后来就迅速减少了。在高速经济增长期，工会为工人实际工资的增长做出了很大的贡献，也间接导致"一亿总中流化"的出现。但是20世纪70年代中期以后，工会的这种为工人申请提高实际工资的作用越来越小。

另外，为了应对能源费用的上升，各企业纷纷研发节能技术，还利用微电子技术开发附加价值高的加工产品。汽车行业就是其中的代表。通过扩大这些商品的出口振兴日本经济。

1979年虽然爆发了第二次石油危机，但是日本利用第一次石油危机中积累的经验，成功地度过了这次危机。20世纪70年代，日本度过了一次又一次的危机，人们觉得再没有什么能够破坏经济的繁荣了。经济虽然没有高速增长，但是一直维持稳定增长的态势。消费市场也相应地从高速增长变为低速增长了。

在1955—1973年的高速经济增长期，日本实际的家计消费支出的年增长率为10.9%，人均家计消费支出的年增长率为7.8%。但之后，增长率大幅降低。

随着经济进入稳定增长期，消费市场也发生了变化。第一个变化，人口对消费增长的贡献率增加。高速经济增长期，人口贡献率不足10%，而从1971年到1985年贡献率超过20%。20世纪80年代末，受泡沫经济的影响，人口贡献率又降至不足10%，1991年以后人口贡献率又得到了恢复。然而，日本的人口增长率在1972年达到顶点（1.4%）以后，随着晚婚晚育甚至不育的发展，逐年降低，1990年下降到0.3%。

消费市场的另一个变化就是不同收入阶层间的消费差距开始出现固定化倾向。在经济高速增长期，显示出了消费向最中间阶层靠拢的倾向，即一亿总中流化倾向。但是如图6-1所示，之后没有进一步靠拢的迹象。特别是1976年后各阶层之间的差距呈固化趋势。进入低速经济增长期后，日本从表面上进入了一个贫富差距很小的时代。

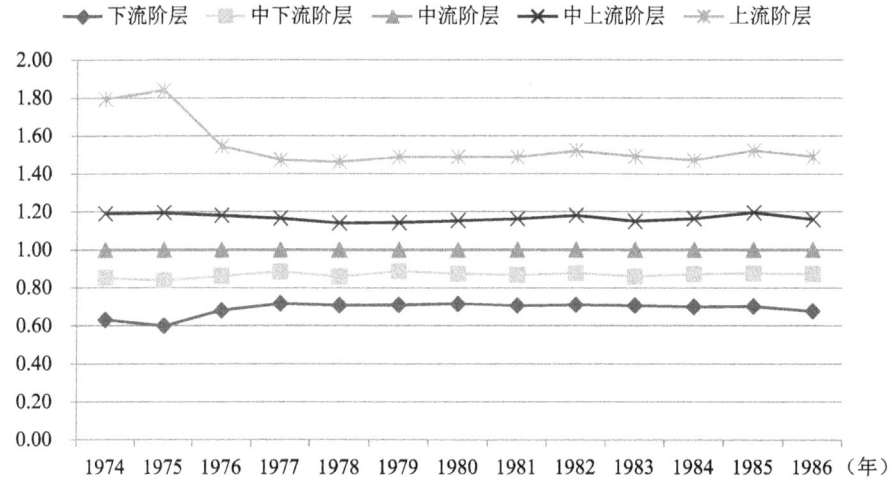

图6-1　日本五大阶层月均消费支出的动向（1974—1986）

注：将中流阶层的消费支出看作1。
资料来源：根据日本总务省统计局的"日本长期统计系列"之表20-7-b和表20-7-c中的数据制作而成。

6.2.2 硬技术引起的服务业革新

第一次服务业的改革是由硬技术引起的。主要表现是由机械、人工产品等替代人来提供服务。比如，汽车、保险医疗用品及器具、通信费、食物半成品、娱乐设施等。有了汽车，就可以不用依赖公共交通服务，自由地实现移动了。汽车相关产品的消费增长，主要是由于汽车在家庭中的普及。1974年，日本家庭汽车普及率为39.8%；1986年增长为67.4%[1]。普及率的急速上升主要是由城市郊区化引起的，没有汽车，人们通勤、就医、购物都会非常不方便。

保险医疗用品和器具的增加显示了随着老龄化的进展，人们对健康的关心。使用这类商品，一部分医疗·健康服务就能被替代了。通信费主要是指电话费。与不喜欢长时间通电话的中老年男性不同，越来越多的女性和年轻人喜欢长时间地通电话，电话渐渐代替了面谈。教养·娱乐用品主要是指文具、运动产品、电子游戏产品等。其中电子游戏类的商品使家也变成了一个娱乐场所。

硬技术中对消费生活影响最大的要数即食食物了。即食食物可以说将做饭这种服务变成了具体的商品。20世纪70年代，即食食品扩展到了方便面、煨炖菜、小豆粥、红豆饭、方便食品等多商品领域。其中销量最好的是方便面，且口味越来越多样化。1974年人均一年吃40份方便面，其年销售额达到了2000亿日元。方便面第一次进入消费市场是在1958年，到1974年为止销售额增长了300倍，年均增长40%。

另外，微波炉的普及导致出现了很多可用微波炉烹调的食品，而且微波炉的出现，使家庭成员随时都可以按自己的时间就餐。用微波炉加工的食品不仅限于副食，还扩展到了主食。这些即食食物消费的扩大，除了技术改革的因素外，和消费者也有很大的关系。在标准的核家族中，家庭成员通常会单独就餐。另外主妇忙于打工和社交，还有老龄化和晚婚等原因导致单身家庭日益增多。1960年，19.3%的家庭是单身家庭。但是1980年增加到了24.8%，1990年增加到了30.1%[2]。在单身家庭，男性必须自己做饭。因此，即食食品可以弥补男性做饭能力的不足。同时，即食食品也使女性的做饭能力下降。

6.2.3 软技术引起的技术革新

第二次服务业改革是由软技术引起的。这一技术将服务从业人员有计划地

---

[1] 资料来源于日本总务省统计局"日本长期统计系列"之表20-14-a。
[2] 数据来源于日本总务省统计局"国势调查"。

纳入体系之中。如补习班费用、教养·娱乐服务、在外就餐等就属于这方面的支出。

补习班主要是指为初中、高中、大学的入学考试而接受的学校教育之外的补习。这些补习班通过分析考题、对考生进行个性化辅导、编写标准化教材、对补习班教师进行培训等方式使升学考试学习体系化。这一阶段，随着升学率的提高，考题也越来越难了。小学阶段的学习以前全都靠父母来辅导，但是父母也渐渐应付不了了。据调查，孩子对父母的完全信赖在小学五年级时全面崩塌。起因就是因为父母解答不了孩子的学习问题。另外，随着学校，特别是公立学校教学内容的简单化，对补习班的需求越来越高。尤其是1980年实施"素质教育"以后，这种需求一下子又提高了很多。

日本的文化教育政策对课后补习班产业的发展起到了很大的推动作用。但是，对父母来说，他们需要支出更多的教育经费。而且，很多孩子从小学开始就要接受学校和补习班的双重教育，玩的时间越来越少。

与之前有固定身份保护的上流阶层不同，大多数中产阶级家庭中，父母并不能留给子女充足的财产和稳定的社会地位，能为子女做的就是让孩子接受良好的教育，以便孩子将来能够获得更高的社会地位，过上稳定的生活。社会整体中产阶级化的趋势越明显，教育竞争就越激烈。在所有的消费项目中，教育支出的增长率排在前面，也从侧面说明家长的教育经费的负担正在急剧加重。

从年龄层来看，30至40多岁的人支付的教育费用最多。这个年龄段的人又多购房，所以还房贷的压力也很大。随着孩子一天天长大，服装和食物费用的支出也呈增长的趋势。因此，可自由支配收入一下就减少了。如果男主人的收入能负担这些支出的话还可以，如果不行，那么妻子也需要出去工作。如果这样还是不足以负担，那么就需要节省开支。虽然从20世纪70年代开始消费日渐成熟，表面看上去非常繁荣，但是当时三四十岁的人，作为社会的中坚力量却在消费生活中显示出了窘困的一面。他们的下一代出现了晚婚少子的倾向，可能很大程度上是因为从小目睹了自己的父母经营家庭的辛苦。男性担心结婚生子后，自己的收入不能维持富裕的生活。而女性也在为应该结婚为丈夫孩子生活还是应该永远单身为自己生活而烦恼。

教养·娱乐服务的支出费用主要包括旅行、各种学习班的学费及其他娱乐费用（电影、话剧、各种文化设施的入场费等）。其中旅行和其他娱乐费用为主要支出项。电影、话剧和其他文化设施的休闲活动一般会以一天几个小时或者一周一天的时间来进行，这类休闲活动能够缓解人们在工作和家务中的疲劳。自从1980年日本实施双休日后，这种休闲活动就更普遍了。

而这一时期在休闲活动上发生的最重大的变化要数海外旅行了。1970年，日本赴海外旅行的人数不过66万人，而到了1980年激增为391万人，1990年更是增加到了1100万人[1]。导致赴海外旅行人数增加的背景是日元的持续升值带来的旅行费用的降低。1970年，1美元兑换360日元；1980年1美元兑换242日元。广场协议后，日元升值的势头一发不可收拾，1990年1美元兑换144.79日元。这种升值的趋势还在持续发展中，2017年11月11日，美元兑日元的汇率为1美元兑换113日元。再加上旅行社开发了很多不用说外语也可以去外国游玩的旅游产品，使出国变得更加容易。在这样的背景下，大多数日本人都有了出国旅游的经历。随着出去旅行次数的增多，比起团体旅行，人们更喜欢个人自由行，旅游目的地也遍布全球。即使到现在，海外旅行也是日本消费者最愿意花钱的领域之一[2]。

海外旅行通常需要花费好几天的时间，消费者去海外旅行的目的也是多种多样的。如接触异文化、游览名胜古迹、享受外国美食、购买国际名牌、家庭纪念日活动等。人们远离日常生活，在异国他乡体会喜悦，体会与陌生人的相遇、感动，幻想、享受生活。海外旅行的盛行表明，休闲活动不仅能使人们恢复劳动力，更重要的是人们开始享受生活。

在美国的休闲时间为一天中的几个小时的年代，华特迪士尼公司将公司的重心放在电影上面。而等到人们的休闲时间延长到几天时，便建造出了迪士尼乐园。后来，人们出现年假后，又在佛罗里达的奥兰多建造了迪士尼世界度假村，供人们长时间休闲娱乐。而在经济低速增长阶段，日本人赴海外旅行虽然增多了，但是还没有到长时间休闲娱乐的程度。

---

[1] 日本国土交通省综合政策局观光部根据日本法务省相关数据统计得出。
[2] 田村正纪. 価値消費 [M]. 東京：日本経済新聞社，2006.

6.3 经济低速增长阶段消费者意识的变化

6.3.1 权利意识高涨

低速增长时期,大多数人都成为消费者,开始享受消费生活。不仅如此,消费者意识也开始发生很大的改变。消费者意识的改变使消费社会发生变动。

首先,消费者的权利意识提高。1962 年,美国肯尼迪总统提出消费者权利的主要内容是安全的权利、了解的权利、选择的权利、意见被尊重的权利四项权利。这种消费者权利的意识在 20 世纪 70 年代在日本的大多数消费者之间普及开来。权利意识的高涨也从一定程度上表明了消费者对消费市场的不信任。这种不信任来自在经济高速发展过程中负面影响的出现,由此导致出现了很多事件。1955 年的森永毒奶粉事件、1962 年的"反应停"[①]事件、1966 年的尿素树脂餐具事件、1968 年的米糠油事件等的曝光使消费者更为关注化学物质的安全性。因为随着各种新产品纷纷投入市场,为了实现批量生产和快速流通,企业开始使用各种各样的化学物质。比如为了提高粮食产量使用农药、化学肥料、饲料添加剂、抗生素等。为了保证大规模的物流,使用便于保存的材料、杀菌剂、防腐剂等。另外,为了使商品畅销,添加色素、香精。这些都使食品安全面临前所未有的挑战。而在衣服中添加防虫剂、荧光增白剂、柔顺剂、福尔马林等添加剂,增加了得皮肤炎症和出疹子的危险。

除了商品本身的缺陷,消费者对商品的定价也疑虑重重。由于那些由技术改革产生的新产品的开发需要企业投入巨额资金,为了有计划地收回投资,企业不得不考虑自身的收益,其中最基本的措施就是维持价格。从 20 世纪 60 年代开始日本物价飞涨,消费者开始把注意力集中到价格的制定上面。特别是药品、化妆品和家电产品的转售价格上。

---

① 安眠药名,因孕妇服用后会生出畸形儿,已被禁用,在日本于 1962 年停止出售。

6 经济低速增长阶段（1974—1986）的消费模式

不管选购哪个加工食品，里面都有可能有有害添加剂；不管选择哪台彩电，都有可能超出预算。消费者面临选择困难，同时消费者不能获得充分的产品信息。商品的不当说明之前就有。处于选择困难境地的消费者既不能通过选择合适的商家和商品排除不良商家和不良商品，又没有充足的信息帮助消费者辨别哪个商品合适，所以他们能做的只有投诉。但当时，企业并没有应对每个消费者投诉的组织体系。消费者转而将投诉的对象转向政府。政府也没有完善的应对体系。1968年，虽然颁布了《消费者保护基本法》，但不过是有名无实，只是政府宣扬必须保护消费者的一种手段。但是之后，地方政府设立消费者问题管理部门，各地也开始设立消费者中心。

20世纪70年代初，大多数消费者开始意识到自己的四种权利几乎未能得到确保。为解决这个问题，消费者只有团结起来，采取集体行动。这种主张通过媒体被广大消费者所熟知、接受。

为了把消费者组织起来，就必须要有相应的组织。而各种消费者团体就承担了这一角色。1970年，日本全国建成了多个消费者团体。经济高速增长期以前，日本全国共有345个团体；高速经济增长期增加了448个，20世纪70年代又增加了845个，进入80年代后，速度放缓，只增加了505个。截至2008年，日本全国共有2475个消费者团体，其中76%是在80年代结束前建立的[1]。

其次，还需要吸引更多消费者参与到组织的活动中来。个人消费者的参与分几个阶段：不关心、关心但不采取行动、个人投诉、协助消费者团体的行动、成为消费者团体的会员等。1974年，对服装、加工食品、家电的购买行为进行的一次调查[2]显示，当时消费者团体的会员只占消费者总数的2%，但是帮助消费者团体行动的消费者占到了18%。另外，有过个人投诉行为的消费者有27%；虽然没有采取过行动，但是关心消费者问题的消费者有35%。从这些数据来看，超过80%的消费者关心消费者问题，有的会采取行动。

20世纪70年代前半期，消费者的集体行动以各种各样的方式开展起来。首先是集合每个消费者购买力的拒购行动。例如，1970年，为了反对彩电的国内外双重价格，五个消费者团体和全国消费者团体联合会在日本全国展开运

---

[1] http://www.consumer.go.jp/seisaku/shohisha_dantai/2008dantai/index.html.
[2] 田村正紀. 現代の流通システムと消費者行動 [M]. 東京：日本経済新聞社，1996.

动,最后迫使松下电器以优惠的价格进行新产品的发售。

集体行动的另一种形式就是向政府申请修改法律,提起诉讼。例如,1973年主妇联合会向东京高级法院提起诉讼,状告公正交易委员会,认为公正交易委员会未能公正维持果汁类商品的正确标识。除此之外,关于食品、药品、汽车、质量不合格的住房、玻璃制品等的消费者诉讼增多。

这种消费者团体的维权行动给企业带来了巨大的震慑。从20世纪70年代后半期开始,很多企业都设立了消费者窗口,有的甚至派专人负责。不少地方政府也开始关注消费问题,设立专门的部门进行管理。例如,1974年神户制定了《保护神户市民生活条例》。之后,神户市和神户市消费者协会又举行了消费者问题神户会议,在20多年的时间里,从全国每年约聚集2000名相关人士,公开探讨消费者问题,领导了城市消费者运动。到了20世纪80年代,企业和政府的消费问题应对体系完备,因此不再出现70年代初的那种激烈的消费者运动了。但这并不意味着消费者问题消失了。70年代的消费者运动,给大多数消费者普及了消费者的权利意识。

6.3.2 自律意识的提高

在经济低速增长期,商家和消费者的关系发生了变化。在经济高速增长期,商家只要推出产品,消费者就会消费。那个时期,消费者的消费欲望非常高涨。可以说生产本身创造消费,消费欲望依赖于生产的这种依存效应发挥了很大的作用。很多消费者受商家的支配,是他律的。

进入低速增长期,这种关系开始发生变化。商家即使推出新产品,大肆宣传其功能,消费者也很难产生购物欲望。20世纪70年代以后,划时代的新产品减少,商家采取在不同产品之间加入细微差别,并用广告进行宣传的方式来确立不同的品牌。这一策略旨在效仿欧美大牌的做法,希望通过培养消费者的品牌意识和品牌忠诚度,来制定高出商品实际价值的价格。但是,大多数消费者对此并不买账。1974年进行的以1199名消费者为对象的调查结果[1]显示,大多数消费者对于厂家推出的新产品带有怀疑的眼光。57%的消

---

[1] 田村正纪. 现代の流通システムと消费者行动[M]. 東京:日本经济新闻社,1996.

费者认为商家是有意让消费者认为现在有的东西不好，想让消费者更新换代；68%的消费者认为商家想要造成会涨价的假象。另外，69%的消费者认为汽车、家电类产品的外观的变化不如性能的变化重要。也有些消费者对商家推出的品牌差别化战略并不认同。44%的消费者并不认为广告中经常出现的大牌商品的价格就理所当然要比名不见经传的商品高，也就是说他们并不认同大牌的溢价。另外，58%的消费者认为大部分商品和厂家之间几乎不存在品牌差异。

和海外有名的大品牌不同，批量生产的品牌之间很难有品质差别，这样一来就更依赖于广告宣传了。但是，20世纪70年代多数消费者并没有按照生产商期待的那样购买这类商品。到了80年代，生产商打出了多样化的营销战略，同样的产品领域同时推出很多品牌，而且加快了更新换代的速度。信息技术的发展，使同时管理多项商品的生产和流通成为可能。

市场出现分化的原因很多，从消费者的消费需求来看，首先是消费者存在有异于他人的个性化需求，即不想使用他人都在用的牌子。另外还有试图使用从没使用过的品牌的变化需求以及同样的品牌多次使用后产生厌烦心理的饱食需求等，也都促使市场产生分化。

总之，从20世纪70年代到80年代，消费者不同于60年代，市场上推出什么就购买什么。只要商家没有推出革命性的新产品，很多消费者就会采取自律的消费行为。

6.3.3 贫富差距意识的高涨

在经济高速增长期，消费支出之间的贫富差距迅速缩小。如前所述，在日本按照消费者的年收入进行排列，将消费者平均分成五种，依次为"上流阶层""中上流阶层""中流阶层""中下流阶层""下流阶层"，其中上流阶层对下流阶层的倍数就是贫富差距。贫富差距在高速增长期一下子得到了缩小。1970年贫富差距是2.2倍。此后，产生了"一亿总中流化"意识。在经济低速增长期，虽然贫富差距的数值没有变化，但是普遍认为在低速经济增长期已经出现了负面情绪，因为并不是社会上所有的人都在享受丰富的消费生活。那么贫富差距具体表现在哪些方面呢？表6-3中列举了一些主要的指标。

从消费生活的具体内容来看，在经济低速发展时期有些项目的差距保持稳定，甚至不断缩小。例如，可自由支配收入的贫富差距基本没有扩大，与食品相关项目的差距也很小。其他项目也基本显示出同样的倾向。可以说在基本生活方面，消费者都过着差不多的消费生活。

但是也有一些项目继续保持着较大的贫富差距。那就是"教育""其他消费支出""被服鞋裤""教养娱乐"。

其中教育的贫富差距最大，教育成为最奢侈的消费项目。使教育的性质发生这样变化的是那些课外班等的补习学校教育。在日本，至少在20世纪60年代之前，学生不需要上课外补习班，只要认真在学校上课，就能考上大学。但是，公立学校后来渐渐荒废，如果从小学不开始上补习班，不上私立初高中的话，那么最终是不能进入理想的大学的。

表6-3 上流阶层对下流阶层的倍数

项目		年度			
		1960	1970	1980	1990
可自由支配收入		4.5	2.5	2.4	2.5
金融资产涨幅		*	4.0	6.1	3.9
消费支出		3.0	2.2	2.1	2.2
消费支出项目	主 食	1.4	1.3	1.3	1.4
	副 食	2.0	1.6	1.5	1.6
	在外就餐	3.4	2.0	1.7	1.9
	房租、地租	1.2	0.7	0.4	0.3
	煤气水电	2.5	1.6	1.5	1.5
	家具、家务工具	4.8	2.1	2.0	2.2
	被服、鞋裤	4.1	2.6	2.8	2.9
	医疗保健	2.6	1.6	1.4	1.5
	交通通信	4.0	3.1	2.1	2.0
	教 育	5.2	3.8	3.4	4.1
	教养娱乐	4.2	3.3	2.6	2.6
	其他消费支出	4.6	2.5	3.1	3.2

资料来源：日本内务府统计局家计调查年报。

6 经济低速增长阶段（1974—1986）的消费模式

前面也讲到，教育支出的增长率是很高的。培养一个孩子进入大学的费用，不亚于买一辆高级的汽车。但即便如此，也不是所有人都能成功把孩子送入大学。教育的贫富差距最大也说明收入较少的家庭基本就放弃这项支出了，只能祈祷无论在什么样的环境中，孩子都能健康成长。

贫富差距当然也出现在"其他消费支出"、"被服鞋裤"和"教养娱乐"中。这些费用的共同点是用于外出活动。"其他消费支出"中包括社会交际费。"被服鞋裤"与购买新时尚的费用相关。"教养娱乐"中的支出主要用于国内外的旅行。但是在主妇都需要出去工作的双职工家庭，在饮食生活等基本生活层面上都要努力维持中等水平的家庭，是没有余力再去支出这些额外的支出的。

家庭资产存量显示出了贫富差距扩大化的趋势。首先可自由支配收入支出的差距超过了平均消费支出的差距。这种差距是由所住房屋的所有权是否属于住房人决定的。下流阶层和中下流阶层的人群共占40%，但是他们的自有房率很低，因此房租、地租等消费支出远远高于其他阶层。房租、地租和食物支出一样，都是生活中必须支出的消费项目，因此大大减少了可自由支配的收入。

即使是在经济低速增长期，地价还是在持续上涨。因此，高收入阶层的房租、地租的比率变化不大，但是下流阶层和中下流阶层的房租、地租的比率开始上升。不仅如此，随着地价的上涨，拥有自有住房的阶级的资产也水涨船高，这使他们产生了心理优势。但是没有房产的那些阶级则完全感受不到地价上涨带来的好处。

而贫富差距随着净资产增幅的差距而越来越大。上流阶层和下流阶层之间大约有4倍的差距。而贫富差距的变大，又进一步使金融资产的差距拉大。每个人随着年龄的增长都会退休而无法工作，而退休金无法保证退休后过上富足的生活。要想退休后过上富足的生活，从经济层面上看，主要是取决于有没有自己的房子和金融资产的多少。在低速经济增长期，虽然在基本消费生活层面贫富差距越来越小，但是从长期来看，退休后人们生活的贫富差距凸显。这种担忧扩大到了中年层。但是在衣食方面，大家都维持着差不多的水平，包括下流阶层的消费者。

经济低速增长阶段，虽然与消费相关的数据未发生变化，但是在社会、心理、文化等方面，还是发生了很大的变化。其中最大的一个变化便是出生在战争期间或战后的新一代消费者的诞生。他们的出现改变了几个世纪以来以家庭为消费基本单位的模式。他们按享乐主义的原则自由选择商品，对时尚十分敏感。

消费的个体化倾向还使商业形态发生了变化。首先，大型购物中心的出现使购物更加方便，大大节约了购物时间，使生活更加合理化。另外，还出现了便利店这种独特的零售商业形态，便利店的特点是商品种类齐全，店铺分布广和 24 小时营业。

这一时期的消费倾向是喜爱名牌、重视服务消费、喜欢在外就餐。

随着经济进入稳定增长期，消费市场发生了变化。首先，人口对消费增长的贡献率增加。其次，不同收入阶层间的消费差距开始出现固定化倾向。进入低速经济增长期后，日本从表面上进入了一个贫富差距小的时代。

经济低速增长阶段消费者的意识也发生了变化，具体表现是权利意识高涨、自律意识提高，另外就是开始出现贫富差距意识。在经济低速增长期，虽然贫富差距的数值没有变化，但是普遍认为这一时期已经出现了负面情绪。

泡沫经济崩溃阶段
（1987—1997）的
消费模式

7 泡沫经济崩溃阶段（1987—1997）的消费模式

7.1 泡沫经济崩溃阶段消费模式的表现与特征

7.1.1 消费的变化

1985年之后日本股价一路飙升。1989年，日经平均股价接近4万日元。与此同时，地价也一起飙升，日本全国各地的报纸上相继出现地价上涨的新闻。日本地价达到峰值是在1991年，比股价达到峰值晚了2年。

日本泡沫经济开始是在1985年广场协议之后，而1990年，日元、股价和债券价格三者同时下跌被认为是泡沫经济破灭。地价的上涨也是泡沫经济时期出现的现象。峰值时的地价是泡沫经济前的2倍，地价的高涨使普通老百姓出现了买房难的现象。这一时期，也就是广场协议之后，从1985年到1991年，成为日本的泡沫经济时期。一般将由投机导致的对增值的过度期待以及由此带来的暴跌称为泡沫。在泡沫经济时期，日本人大量购买如宝马这样的好车、在海外购买名画、开发澳大利亚度假村、收购纽约洛克菲勒中心等。

1992年的日本经济白皮书上写道："我国的经济规模自1987年以后一直持续扩大，但是从1990年末开始经济减速，1991年下半年开始进入调整阶段。"正是从1991年的下半年开始，日本泡沫经济开始破灭。究其原因，白皮书中这样写道："从1987年开始经济实现了持续的高速增长，设备投资、房地产开发、对汽车等耐用消费品的需求进入新一轮的调整，再加上物价保持稳定导致资产需求旺盛，引起了地价和股价的上涨，并相继出现了人手不足、开工率高等特点，国际形势是爆发了海湾战争，导致日本国内通货膨胀的压力越来越大。为了应对这种压力，政府采取了预防性的金融紧缩政策，最终导致需求减少，库存增多，于是带来了持续的生产调整和库存调整。"[①]

泡沫经济的破灭最先影响的是企业，至少在1991年还未对消费者的消费

[①] 日本经济白皮书（1992），日本经济企划厅编。

支出带来过多的影响。但是，到了1992年开始对消费支出渐渐产生影响，并且影响范围较广。同时，消费结构发生了改变。本节将具体分析泡沫经济的破灭是如何影响消费环境，使消费行为发生改变以及消费结构是如何进行变化的。首先，从表7-1中可以看出，从家庭的总消费支出来看，到1993年为止还比前一年有少量增加，从1994年开始出现了负增长，说明泡沫经济的破灭对家庭消费的影响是滞后的。而无论是消费总支出还是各个具体的消费项目支出，比前一年度更高的增长率都出现在1990—1992年。另外，恩格尔系数呈现出下降的趋势，说明食物支出在消费支出中的比重越来越低。表7-2是十大消费项目支出的增减情况。从具体构成来看，泡沫经济破灭后，始终保持增加的是居住和水电燃气的支出。水电燃气增长较平稳，而居住费用在1991年达到了惊人的12.81%的增幅。说明水电燃气是基础消费，而居住费用的突然增加说明彼时人们更多地买房置地。保持不变的有旅行和娱乐支出以及对家电·汽车等耐用消费品的支出；出现减少倾向的有在外就餐的比例和被服消费支出。从1992年开始，人们不再热衷购买高级名牌。

表7-1 恩格尔系数的变化

年份	家庭总消费支出（日元）	恩格尔系数	年份	家庭总消费支出（日元）	恩格尔系数
1985	273 114	0.27	1992	333 661	0.25
1986	276 374	0.27	1993	335 246	0.24
1987	280 944	0.26	1994	333 840	0.24
1988	291 122	0.25	1995	329 062	0.24
1989	299 350	0.25	1996	328 849	0.23
1990	311 174	0.25	1997	333 313	0.23
1991	327 113	0.25			

资料来源：根据日本内务府统计局"家计调查"相关数据计算得出。

表 7-2　十大消费项目支出的增减

(%)

年份	食物	居住	水电燃气	家具·日常家务用品	被服及鞋类	医疗保健	交通·通信	教育	文化娱乐	其他
1986	0.35	2.80	-1.30	-3.50	0.48	-0.14	1.22	5.31	2.98	2.26
1987	-1.04	7.32	-6.39	4.82	1.87	6.27	5.16	6.05	1.31	2.55
1988	1.29	2.72	-0.31	0.04	4.86	7.75	4.86	4.99	7.71	4.73
1989	2.26	2.40	-0.40	1.78	3.60	3.61	3.03	6.17	4.36	2.84
1990	4.10	0.64	5.45	3.17	5.35	7.98	3.52	7.11	6.18	2.27
1991	4.02	12.81	4.86	8.11	3.69	1.69	3.61	-1.80	4.38	7.21
1992	0.31	9.21	2.98	-2.31	-1.97	3.14	1.82	8.32	4.37	1.83
1993	-0.99	2.60	2.78	-4.05	-4.45	5.87	6.56	-1.79	2.38	-0.12
1994	-1.24	9.37	2.63	2.74	-4.97	-1.38	-1.35	3.84	-1.62	-1.50
1995	-3.31	4.32	1.95	-2.92	-4.56	1.40	0.87	-2.03	-4.55	-0.72
1996	-1.08	4.03	2.00	-2.41	-4.13	4.32	5.76	-3.65	0.98	-1.79
1997	1.64	0.37	3.72	-0.77	-0.30	4.89	-0.36	2.89	3.05	0.86

资料来源：日本内务府统计局"家计调查"。

7.1.2 储蓄的变化

日本内务府统计局除了统计了"家计调查"的数据，还统计了"储蓄动向调查"数据。"家计调查"是"流量"统计，追踪一年的收入和消费的变化；与此相对，"储蓄动向调查"则是一种"存量"统计，调查的是每年 12 月末的储蓄额和负债额，以及过去一年家庭拥有的金融资产的增减情况和对房产等的投资情况。那么，带有存量性质的资产又有什么变化呢？1989 年开始，土地价格开始下跌，而老百姓的土地资产自1985年起激增，转为减少是在1990—1991年。股价在整个泡沫经济时期都持续上涨，但是1990年秋暴跌，之后虽然得到了短暂的恢复，但是从1991年秋天开始再次暴跌，之后持续低迷。下面来看一下泡沫时期的储蓄和负债情况。图7-1显示的是1985年至1997年日本家庭储蓄的构成及比重，从图中可以看出泡沫经济时期家庭对股票的投资增多，尤其是1989年达到了28.62%。1990年以后迅速递减。这也和股价的变化保持了一致。

一般日本内阁府的家计调查会分"全部家庭"和"工薪家庭"进行统计。"全部家庭"中包含工薪家庭和自营业家庭、法人经营者和自由业者家庭等。图7-2显示的是1985年至1997年全部家庭负债情况。在泡沫经济的鼎盛期1989年，家庭的年负债额达到了374.2万日元，比前一年度大幅增加20.87%。而前一年的1988年比1987年减少0.55%，1990年比1989年减少4.01%，都显示出比前一年度减少的倾向。

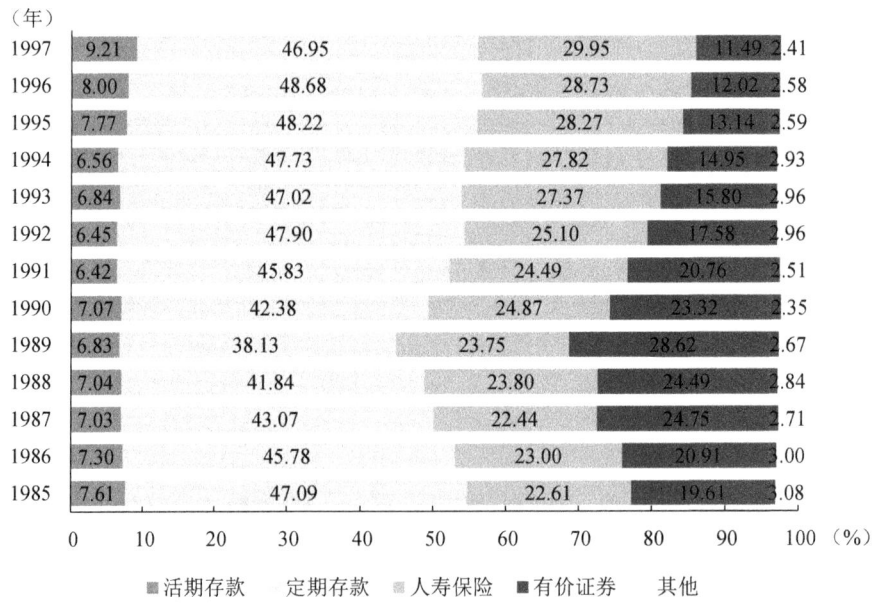

图7-1　日本家庭储蓄的构成及比重（1985—1997）

资料来源：根据日本总务厅"储蓄动向调查"的相关数据制成。

7 泡沫经济崩溃阶段（1987—1997）的消费模式

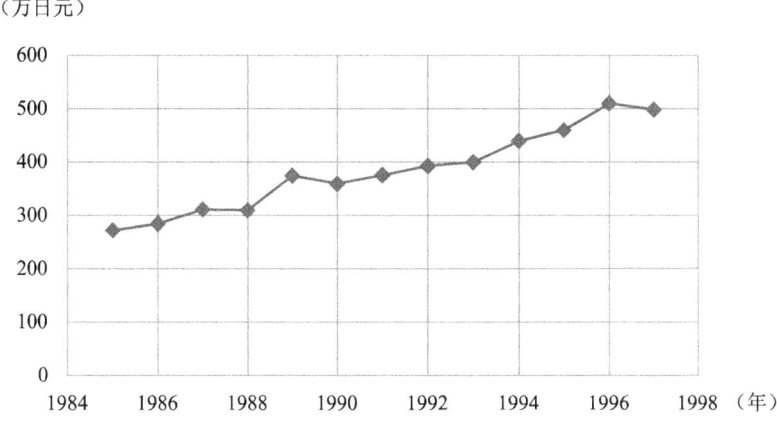

图 7-2　日本全部家庭负债情况（1985—1997）

资料来源：根据日本总务厅"储蓄动向调查"的数据制成。

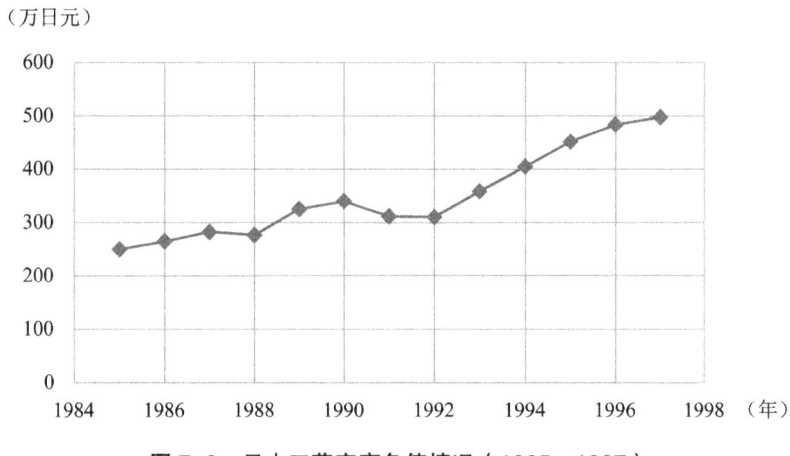

图 7-3　日本工薪家庭负债情况（1995—1997）

资料来源：根据日本总务厅"储蓄动向调查"的相关数据制成。

比较工薪家庭和全部家庭的负债情况可以发现，全部家庭在泡沫经济结束后，增长率大幅减少。而工薪家庭则是泡沫经济结束后的增长率大于泡沫经济时期。这一点可以通过全部家庭和工薪家庭的不同特点加以说明。全部家庭是工薪家庭和个体经营者、法人经营者和自由职业者家庭的总和。因此，全部家庭在泡沫经济开始前负债增长快说明他们对土地以及住房的升值较为乐观和充满期待。而工薪家庭在泡沫经济破灭后负债率高说明由于房价和地价下跌，通过房贷买房的人增多。因此，泡沫经济对日本经济的负面影响很大，而给普通消费者行为带来的影响非常小。而企业、金融机构以投机为目的的倒卖土地，积极抬高地价，投机落空后一蹶不振。泡沫经济没有对消费者当下的消费支出产生影响，而是影响了消费者对未来家庭资产的积累上。

7.1.3 消费者意识的变化

泡沫经济破灭使消费者意识发生了变化。泡沫经济发生前，日本的消费者意识的特点是想要表现自我，想要与众不同。而在从1987年开始的经济的高速增长和投机热的驱动下，大部分企业和消费者中的富裕阶层以及普通阶层中的一部分人都实现了收入的增加，他们以投机为目的大量购买名画和珠宝首饰等消费品，并一时成为媒体竞相报道的热门话题。经济高速增长使人们的实际收入增加，再加上媒体的大肆宣传，使人们相信自己的收入会越来越高，富人越来越多，穷人越来越少。

在这样的形势下，消费者普遍为了虚荣心而购买昂贵的消费品，为了提升自身的生活水准增加消费支出。而这种消费实际上是超出实际收入的逞强式消费。也就是说，消费者利用贷款更换新的耐用消费品，尤其是汽车。在这个过程中，消费的示范效应发挥了作用，也就是说看到身边大多数人更换耐用消费品后，自己也更换。消费需求增加，企业相应扩大生产线，使经济得以更快地增长。

由于逞强式消费，消费者的存款出现了下降的趋势。存款减少会引起消费者内心的不安，但是这种不安被消费者对未来收入增加的期待和其他资产（如股票）以及不动产价值的上升掩盖了。

但是，1991年秋天股价暴跌，使经济发生逆转。经济不景气使企业主动进入调整阶段，缩小生产规模，人们打工的机会减少，奖金也迟迟得不到上涨。再加上富裕阶层和企业投机失败导致资产缩水，通过媒体的报道使收入减少、经济不景气的气氛进一步蔓延。资产的缩水使消费者开始抑制消费而倾向储蓄，不再进行之前的炫耀型消费，正好迎合了节俭的舆论。每个消费者都试图扮演一个理智的消费者形象，开始对自身的消费行为进行反省。由于泡沫经济时期，家里的耐用消费品都已更换过，因此暂缓了耐用消费品的更新换代。除此之外，还削减了时尚等炫耀消费的支出。这就导致在泡沫经济时期扩大生产线的企业出现了库存积压、经营不善的情况。为了调整库存，企业开始对生产进行调整，于是经济开始不景气。

7.2 泡沫经济崩溃阶段消费模式的形成条件

从20世纪80年代后半期到90年代前半期，日本经济经历了泡沫经济时期。这是日本战后仅次于60年代后期的经济高速发展之后的第二次大发展时期。在80年代日美贸易摩擦的背景下，1985年9月22日，世界五大经济强国（美国、日本、德国、英国和法国）在纽约广场饭店达成"广场协议"。当时美元汇率过高而造成大量贸易赤字，为此陷入困境的美国与其他四国发表共同声明，宣布介入汇率市场。此后，日元迅速升值，由1美元=250日元一下提高到1美元=150日元左右。由于汇率的剧烈变动，由美国国债组成的资产发生账面亏损，因此大量资金为了躲避汇率风险而进入日本国内市场。当时日本政府为了补贴因为日元升值而受到打击的出口产业，开始实行金融缓和政策，于是产生了过剩的流通资金。另外，从70年代后期开始，日本的银行开始倾向贷款给不动产、零售业和个人住宅；80年代以来，全球性的通货紧缩形成了股票市场的上升通道。

由于上述因素叠加在一起，日本国内兴起了投机热潮，尤其在股票交易市场和土地交易市场更为明显。其中，受到所谓"土地不会贬值"的土地神话的影响，以转卖为目的的土地交易量增加，地价开始上升。当时东京23个区的地价总和甚至达到了可以购买美国全部国土的水平，而银行则以不断升值的土地作为担保，向债务人大量贷款。此外，地价上升也使得土地所有者的账面财产增加，刺激了消费欲望，从而导致了国内消费需求增长，进一步刺激了经济发展。

1985年到1986年期间，随着日元急速升值，日本企业的国际竞争力虽有所下降，但是国内的投机气氛依然高涨。1987年，投机活动波及所有产业，当时乐观的观点认为只要对土地的需求高涨,那么经济就不会衰退,而且市场也鼓励人们不断购买股票,声称股票从此不会贬值。当时日本媒体为了给这种经济繁荣状况命名,还希望募集像岩户景气、神武景气之类的名称。但当时也出现了少数反对的观点,认为土地价格已经远远超过其实际需求,日本经济将在不久的将来陷入衰退。

从经济学原理来说,土地价格上升,导致租用土地的工厂或写字楼的企业盈利率下降,因此合理的做法是出售土地购入债券,因此会带来土地需求下降。根据供求理论,价格终将趋于均衡。但是日本企业普遍实行以账面价值计算土地资产的做法,因此从表面上看企业的收益率并无变化,而账面价值与现实价值的差额就导致了账面财产增加,从而刺激日本企业追求总资产规模而非收益率。

当时为了取得大都市周边的土地,许多大不动产公司会利用黑社会力量用不正当手段夺取土地,从而导致了严重的社会问题。而毫无收益可能的偏远乡村土地也作为休闲旅游资源被炒作到高价。从土地交易中获得的利润被用来购买股票、债券、高尔夫球场会员权,另外也包括海外的不动产,如美国洛克菲勒中心、名贵的艺术品和古董、豪华跑车、海外旅游景点等。当时随着股票价格上升,日本国内掀起了购买法拉利、劳斯莱斯、日产CIMA等高档轿车的热潮。

1989年,日本泡沫经济迎来了最高峰。当时日本各项经济指标达到了空前的高水平,但是无法得到实业的支撑,所谓泡沫经济开始走下坡路。

一旦投机者丧失了投机欲望,土地和股票价格将下降,因此反而导致账面资产亏损,由于许多企业和投机者之前将上升的账面资产考虑在内而进行了过大的投资,从而带来大量负债。随着中央政府金融缓和政策的结束,日本国内资产价格的维持可能性便不再存在。

1990年3月,日本大藏省发布《关于控制土地相关融资的规定》,对土地金融进行总量控制,这一人为的急刹车导致本已走向自然衰退的泡沫经济加速下落,并导致支撑日本经济核心的长期信用体系陷入崩溃。此后,日本银行也采取金融紧缩的政策,进一步导致了泡沫的破裂。

1989年12月29日,日经平均股价达到最高38 915.87点,此后开始下跌,土地价格也在1991年左右开始下跌，泡沫经济开始正式破灭。到了1992年3月，日经平均股价跌破20 000点，仅达到1989年最高点的一半；8月，进一步下跌到14 000点左右。大量账面资产在短短的一两年间化为乌有。

由于土地价格也急速下跌，由土地做担保的贷款也出现了极大风险。当时日本各大银行的不良贷款纷纷暴露，对日本金融造成了严重打击。

泡沫经济崩溃阶段分为泡沫经济和泡沫经济破灭两个时期。在泡沫经济时期，日本人大量进行奢侈消费和投机，对股票的投资增多。泡沫经济的破灭最先影响的是企业，对家庭消费的影响滞后。这一时期，恩格尔系数继续呈现下降的趋势，食物支出在消费支出中的比重越来越低。但在外就餐和被服消费支出减少了，并且人们不再热衷购买高级名牌。

泡沫经济破灭使消费者意识发生了变化。泡沫经济发生前，日本的消费者意识的特点是想要表现自我，与众不同。泡沫经济时期，消费者普遍进行超出实际收入的逞强式消费。为了虚荣心而购买昂贵的消费品，为了提升自身的生活水准增加消费支出。在这个过程中，消费的示范效应发挥了作用。泡沫经济破灭后，收入减少、资产缩水使消费者开始抑制消费而倾向储蓄，不再进行之前的炫耀型消费，正好迎合了节俭的舆论。

通货紧缩阶段
（1998—2019）的
消费模式

8 通货紧缩阶段（1998—2019）的消费模式

1998年以后，日本经济进入了通货紧缩的时代。通货紧缩指的是物价的持续下跌。从图8-1中可以看到，1999—2005年及2009—2011年物价出现负增长。1997—1998年，扣除因消费税增加而上升的部分，物价上涨率为零。

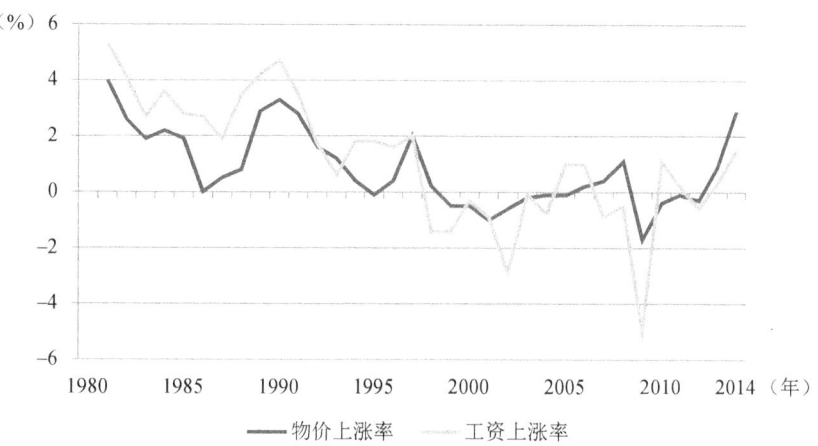

图8-1 物价上涨率[①]和工资上涨率[②]的变动（1980—2015）

资料来源：日本厚生劳动省"每月勤劳统计调查"，日本总务省统计局"消费者物价指数"。

关于通货紧缩的原因，首先是需求不足引起的供需之间的巨大差距。需求的低迷使人们对未来的经济增长不抱希望，消费和投资也没有增加。人们开始对高价商品敬而远之，取而代之的是低价商品。第二个原因是从中国等发展中国家进口的商品不断流入日本市场，带来了商品的价格战。

20世纪90年代后半期，随着网络和手机的普及，邮购方式流行起来。人们对低价商品的偏好导致了百货商店的销售额1981年被超市赶超，2007年被便利店赶超。物价的下跌从表面上看对消费者有益无害，因为消费者可以用更少的钱买到更多的东西。但是，物价下跌使企业收益下降，个人工资减少。工资减少家庭的购买力下降，购买的东西越来越少。这又导致物价再次下跌。这种恶性循环叫作"紧缩的螺旋式上升"（deflationary spiral）。吉川（2013）将日本通货紧缩的原因归结为工资的减少。由于日本的劳动者重视长期雇佣，因此为了保住工作接受了工资减少的事实。工资减少引起紧缩的螺旋式上升，陷

---

① 物价上涨率由消费者物价指数的综合指数计算而得。
② 工资上涨率由现金支付总额计算所得。

入恶性循环的怪圈。

缓慢恢复的日本经济在遭受1997年的亚洲金融风暴和1998年的金融危机后出现了大踏步的倒退。1997年4月，消费税由3%提高到5%，这一举措被认为是导致经济萧条的原因。1997年7月，以泰国为首的东南亚各国货币急速贬值，使日本对这些国家的出口大大减少，给日本经济带来了巨大的负面影响。1998年日本遭遇了金融危机，北海道拓殖银行、山一证券、日本长期信用银行和日本债券信用银行相继破产倒闭。一直以来国民都坚信金融机构不会倒闭，而事实却使人们对信用产生了强烈的不安，消费减退，经济活动停滞。

1998年是支撑日本经济的传统机制相继破产的一年。在劳动就业方面，以长期雇佣和年功序列为特点的正式聘用逐渐被低工资、不稳定的非正式雇佣替代。金融方面，金融机构疲于处理不良债权，无法发挥供应资金的作用。消费方面，以消费为美德的风潮逐渐退去，周末人们不再去百货商店，而喜欢逛量贩店和餐饮连锁店等价格低廉的地方。

泡沫经济破灭后的几次大规模的综合经济对策对地区经济有一定的贡献，但是对日本整体经济的影响微乎其微。

2011年3月11日，日本发生了9.0级东日本大地震。地震导致18 500人死亡或下落不明，40万栋房屋毁坏，经济损失达到17兆日元。震后发生的核泄漏导致放射性物质扩散，附近居民纷纷避难，产自福岛县的农林水产品也受到影响。以首都圈为中心的电力供应严重不足，人们开始呼吁节电。由于核电存在安全隐患，原油和液化天然气成为替代能源。日本进口大量的原油和液化天然气导致2011年贸易收支出现31年来的首次逆差。进口激增使日元贬值。虽然东日本大地震导致生产的暂时减少，但是灾后重建使生产在短时间内得到了恢复。然而，由于2012年欧债危机的长期化导致世界范围内的经济萧条，日本的经济生产也因此减速。

2012年8月日本通过了消费税增税关联法案，2014年4月开始消费税从5%变为8%。2013年9月，东京再次申奥成功，给经济带来了利好消息。

8 通货紧缩阶段（1998—2019）的消费模式

8.1 通货紧缩阶段消费模式的表现与特征

8.1.1 追求可持续的生活方式

这一时期在消费方面发生的一个重大的转变是，人们从利己转变成利他，从私有变为分享。战后，以日益强大的日本经济作为后盾，随着日元升值和泡沫经济的发展，至少从表面上，日本人已经完全实现了战后就一直追求的欧美式的消费生活，达到了物质的极大丰富。并且，商品也从流水线批量生产的产品，变为更个性化的符合个人追求的产品。但是在这一过程中，产生了矛盾。过分强调个人追求和个性化又把消费者分成三六九等，于是消费者被孤立开来。同时，高度发展的消费社会又使物质主义得以蔓延，使人们忘记了20世纪70年代就已经萌芽的生态意识和节能意识，也压制了80年代一时盛行的反对核能发电的运动。

为了解决这些社会矛盾，进入通货紧缩期后，消费者开始把目光投向如何加强人与人之间的联系。社会的英文是society，其词源为拉丁语的socius，本意为"同伴、联系"。但是随着资本主义化、消费社会化、私生活化和个人化的发展，人们越来越难意识到和其他人之间的联系。于是就产生了虽然处于社会之中，却很难感受到与他人之间的联系的矛盾。

因此，这一时期，优先最大化满足自身需求的利己主义渐渐消退，取而代之的是如何满足他人需求的利他主义，人们更多地在思考如何为他人以及整个社会做出贡献，即立志服务于社会。主张分享的消费者提倡大家共同拥有、使用同一件物品，或者能租不买、买二手货，这种生活方式是非常符合生态的生活方式，在生活中避免一切浪费。三浦（2009）指出，现代消费者追求的生活方式，既不是战后经济恢复期和经济高速增长期时的"求大"心理，也不是经济低速增长期和泡沫经济破灭时期的追求"更高级""更时尚""更上一层"的心理，而变成了追求有助于保护环境、简单的东西。

这一点从这一时期发行的杂志中可以初见端倪。1997年，杂志『チルチン

びと』（CHILCHINBITO）发刊，这是一本倡导人们思考未来应有的生活方式和居住环境的杂志。1999 年『ソトコト』（SOTOKOTO）、2003 年『天然生活』（《天然生活》）等杂志相继创刊，这些杂志被称为乐活系杂志。乐活这一概念是 1998 年由美国社会学者保罗·瑞恩在《文化创意者：5000 万人如何改变世界》一书中提出的。以 lifestyles of health and sustainability 中英文单词的第一个字母组成了"LOHAS"这个新词汇，直译过来就是乐活族"健康、可持续的生活方式"，再形象一点说，乐活就是在消费时，会考虑自己和家人的健康以及对生态环境的责任心。作为一种新的生活方式，乐活（LOHAS）不只是爱地球，也不只是爱自己和家人的健康，而是两者都爱的生活方式，跨越地理、种族、年龄的限制，渗透地球人的生命理想。因此，"健康、快乐、环保、可持续"是乐活的核心理念。乐活族关心自己的健康，也担心着生病了的地球。他们吃健康的食物，穿环保的衣物，骑自行车或步行，喜欢练瑜伽健身，喜欢听心灵音乐，注重个人成长。乐活是一种爱健康、护地球的可持续性的生活方式。而在日本，可以说至少从 1997 年，人们就开始重视非纯物质的生活方式。现在，越来越多的网络邮购主页也都展示出了乐活倾向。

经济高速增长期后，在日本形成了"一亿总中流化"，人们的贫富差距缩小，大家都过上了富足的生活。如果让人们仅仅满足这一现状的话，那么作为企业就无法提升销售额。因此，企业就向消费者宣扬个性化、高档化等消费理念。但是到了这一时期，消费者已经对这样的差别化感到厌倦，从中产生了简单化倾向。

但这并不意味着主张简单化的消费者就不想彰显个性。只是这种个性与经济低速时期和泡沫经济破灭时期的个性化有所不同，当时的个性化大多表现是选购能让他人觉得有个性的品牌。但到了通货紧缩阶段，人们不再选择传统的名牌，而是选择全新素材构成的商品。即个性化存在于自身，选择的商品要不影响自身。因此，消费的简单化还体现在人们的消费意识从名牌意识变为简约休闲意识。其中最典型的例子就是人们对优衣库和无印良品的追捧。优衣库里面的商品并非值得向他人炫耀的商品，但是人们却非常愿意去购买优衣库的商品。只需要 1000 日元左右就能购买生活必需的衣物，同时回收不需要的衣物捐给发展中国家。而无印良品的商品能让人感受到日本文化的元素，从中可以感受到一种减法的美。2017年无印良品发布的财报显示，其2016年度（2016年3月1日—2017年2月28日）的销售额为3332亿日元（比前一年度增长了8.4%），销售利润为382亿日元（比前一年度增长了11.1%）。

8.1.2 崇尚日本文化

这一时期还有一个特征是崇尚日本文化。比如，去海外旅行的年轻人减少，大家更愿意选择去京都、熊野古道、伊势神宫等日本国内有名的城市或景点游玩。也有越来越多的年轻人喜欢去神社等体现日本传统文化的地方。

日本内阁府的"社会意识舆论调查"显示，1998年至今，人们的爱国意识呈上升趋势，近20年来上涨了10%左右，特别是2011年发生东日本大地震后，55%以上的人认为自己更爱国了。

以前的人们通常在故乡出生、长大，会有很重的故乡情结。但是现在的年轻人从小随着父母工作的调动，不再有以前那种故乡情结，有的是作为一个日本人的自豪。而随着全球化的发展，世界各国人民的生活方式趋于大同，于是就产生了想要找出日本特色的心理。通过海外旅行，日本人也重新感受到了自身民族的特色和优点。

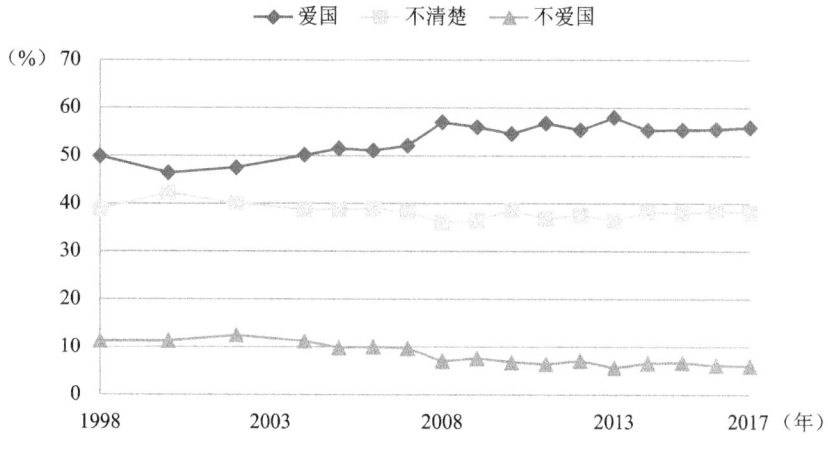

图8-2 日本人爱国意识调查（1998—2017）

注：从2017年开始调查对象为18周岁以上的人群，之前为20周岁以上的人群。
资料来源：日本内阁府"社会舆论意识调查"。

NHK 放送文化研究所进行的"日本人的意识"调查中，有一个问题是"对日本的古寺和民居有一种特别的亲近感"，1988 年 16~19 岁的人中有 63% 的人，20~24 岁的人中有 71% 的人，他们认为自己拥有这种特别的亲近感；2003 年以后，16~19 岁的人中有 69% 的人，20~24 岁的人中有 87% 的人，他们认为自己拥有这种特别的亲近感。对于年青一代来说，古老的民居应该不是他们的人生中直接经历的，但是，可能正因为如此，才能说古民居象征着日本文化。

最重要的是，环保、简单和日本文化的结合。战后，日本人崇拜并追随的"美国式"的生活方式是大量消费型的，无法和节能环保结合起来。而日本的传统文化提倡人和自然和谐相处，因此环保对于日本人来说，与其说是个科学问题，不如说是文化层面的问题。环保意识更增强了日本人对本民族文化的自豪感。同时，日本经济大国第二的地位被中国赶超后，日本急需找到一个新目标，那就是简单的生活方式。其实日本迈向经济大国的过程，是其一步一步西化的过程。因此，无论经济发展到何种地步，对于日本人来说都没有办法发自内心地感到喜悦和骄傲。这种意识在 20 世纪 60 年代就已经存在了。人们意识到经济大国的进程破坏和牺牲了日本的优良传统。

自古就有的环保、简单的生活方式才是日本的优良传统。因此消费者通常会选购能够长时间使用的商品，即使价格高一些也无所谓。这种意识也导致越来越多的年轻人不在意名牌，即使全身都穿着优衣库也没有关系，他们不再通过名牌来彰显个性。

对日本传统文化的觉醒也使人们，特别是年轻人，更愿意在小城市或农村生活。据日本内阁府的调查，居住在城市中的 20 多岁的年轻人中有 30% 的人更愿意居住在农村。首先是由于日本经济长期不景气，很多年轻人觉得自己的收入上升空间小，因此想去生活成本低的地方生活。其次是由于媒体的宣传。媒体总是介绍小城市或农村的优点。特别是有一些杂志从原来介绍大城市现今的生活方式改为介绍农村生活了。另外，从根本上来看，是因为价值观发生了改变，人们不再一味追求现代化了。现代化的过程其实就是学习欧美的过程，因此之前在日本人们一直认为最早实现欧美化的横滨、神户、银座等地是非常时尚的地方，大城市更先进，而小城市和农村落后。但是，现在日本整体的社会和生活的现代化程度已经普遍较高，就不存在小城市和农村比大城市落后的观点了。人们的环保意识越强，越重视自然，就越会觉得自然环境优美，能和自然和谐相处的小城市和农村更宜居了。地区的文化没有优劣，每个地区的文化都有其存在的价值。由此可以推测今后受欢迎的商品有可能是凸显地方文化特色的东西。比如当地工匠手工制作出的传统工艺品或民间工艺品。事实上，最近在日本，对各地传统工艺的介绍、宣传增多。比如『カーサブルータス』和 *Pen* 等杂志近年来多次介绍日本传统的历史性设计和各地传统设计。日本东京电视台从 2006 年 10 月至 2009 年 3 月，连续三年播放的纪录片《工匠的肖像》介绍了日本的各种传统和民间工艺，共介绍了 155 位工匠，充分展示了日本传统文化的魅力，并有效唤起了民众对于本国传统文化的自豪感。

可以说，日本人正是以民族自豪感、家乡自豪感为纽带，试图寻找新的与他人之间的联系。每个地方有每个地方的历史、文化、传说、传承和传统，也有区别于其他地方的生活方式和语言。

2011 年，设计师原研哉在《日本的设计》一书的开头中写道："日本现在正处于历史的转折点……明治维新以来，日本的经济文化都深受西方的影响。但长期以来，一直有一个问题萦绕在日本人心间，即重新找回千百年来形成的日本式的感受性，是否能保持日本的自豪感和帮助日本继续发展下去。"他还认为，日本人的感受性通常被总结为"敏感、细腻、认真、简洁地对待事物"的能力，正是这种日本人独特的审美意识和审美感觉能给世界做出贡献。从原研哉的描述中可以感受到日本未来的发展方向，不再以经济发展获得民族自豪感。

8.1.3 年青一代的消费观

20 世纪 40 年代出生的"团块世代"和 50 年代出生的"断层世代"一般会贷款购买自己喜欢的名牌立体声组合音响。而 60 年代出生的"新人类世代"，他们的消费欲望变成了迷你音响和录音机。70 年代出生的"团块二代"渐渐对机器失去了兴趣。再往后出生的人开始用智能手机听音乐。从以上的区别可以看到，不同年代出生的人对音响的需求发生了质的变化，即名牌意识渐渐消失。同样的情况还出现在汽车、大型液晶电视、海外旅行、高级化妆品等消费品和服务行业。引起这种变化的原因有很多，如时代环境的变化和老龄化的发展等。但最主要的还是世代更替引起的。具体来说，出生于80年代，进入21世纪成人的泡沫后世代逐渐成为消费主体。他们的消费特点与之前的世代都有所不同，之前的世代是超前消费，而他们则是"讨厌消费"。随着消费主体从"热衷消费"到"讨厌消费"，个人消费水平下降，人们喜欢消费的商品和服务内容也发生了改变。泡沫经济破灭后的20年被称为"失去的二十年"，在此期间消费需求发生了质的转变。

一直以来，日本经济的增长都是由需求和供给的匹配促成的。换句话说，是由"热衷消费"的中流阶层的壮大促成的。20世纪80年代，中流阶层热衷消费，90%以上的人感觉自己的生活水平处于"中流"。大正时代，中流阶层只占不到10%，而战后随着产业结构的变化，中流阶层的人数逐渐增多，并且伴随着城市化的进程，后来几乎波及了所有阶层。

那么中流阶层的生活到底是什么样子的呢？下面来看一下男性在人生不同阶段的生活轨迹。所谓生活轨迹是指学生时期、进入社会工作时期、已婚未生子时期、养儿育女时期、孩子成人时期和退休期等。

在农村、自营业和蓝领家庭中出生的孩子，在初中或高中毕业后进入城市上大学或就业。大学毕业生一般会成为大公司的白领或公务员，留在大城市中工作生活。开始工作，有了工资后，人们会通过贷款的方式购买汽车、电视、音响等消费品。如果财力还有富余的话，还会去海外旅行。到了30岁左右，工作差不多稳定后，结婚，组成"核家族"。然后贷款30年在郊区购买公寓、家具、各式家电。孩子出生后，需要换成独栋住宅或更大一些的公寓，并购置家庭用车。生活慢慢以孩子为中心，通常到孩子大学毕业为止，进行的教育投资平均为3000万日元以上。等孩子终于能够长大，独立生活后，又要增加维持自身健康所需的医疗费等支出。退休后，收入减少，时间增多，开始了靠存款和养老金度日的生活。在日本，大学毕业生一生的收入约为3.2亿日元，平均支出一般会低于这个数目，余下的钱成为遗产。

以上便是标准的男性的人生阶段。而女性的人生阶段分为两种，一种是"男主外女主内"的纯家庭主妇，还有一种是夫妻共同工作，既承担工作又承担家务的兼职主妇。而作为大城市中工薪阶层的理想生活，一般可以概括为"有住房、有汽车、送孩子读私立学校"。这正是根据自己未来的收入，长期贷款、提前消费的"热衷消费"的中流消费方式。

而支持这种消费方式的是日本传统的终身雇佣制度和年功序列制度。年轻时虽然工资较低，但是随着年龄的增长，工资会增多。由于当时日本的经济形势非常好，消费者预测自己未来的工资会增加，因此在年轻时才会提前消费。而在育儿时期则努力存钱，在退休后用退休金和以前的存款进行消费。

这种标准化的人生各阶段生活方式的确定是在20世纪80年代。消费水平的变化可以由生命周期假说经济学理论来说明。消费者通过预测自身一生的收入，平均一生不同阶段的消费，以此来确定消费水平。因此，可以推定，年轻时期热衷消费，不存款。中老年时期收入高，因此消费水平也高，同时为了将来的生活还进行储蓄。老年时期靠存款度日，因此消费不积极。也就是说，无论是消费水平还是收入水平，都和生命周期息息相关。

随着中流阶层的扩大，社会贫富差距缩小，使消费者普遍产生了对电视机等家电、汽车、住房和海外旅行的消费需求，由此形成了中流阶层的消费水平和消费模式。而消费需求的扩大又使企业收益增多、扩大就业、提高工资，又使更加富裕的中流阶层范围进一步扩大。企业由此增加设备投资，通过技术革新开发出新的商品和服务，由此刺激消费者产生新的消费需求，以实现可持续的经济增长。

这种良性循环出现在20世纪80年代，毁于泡沫经济时期。泡沫经济的起因是"广场协议"导致日本实行持续的低利率政策。过度的融资使土地、股票和其他资产产生泡沫。1989年12月29日，日经指数的收盘价上升至38 915.87点，1991年地价出现峰值。这些资产价格的上升，使得收益率和经济实体脱离，形成了资产增值产生资产增值的泡沫现象。最终政府对土地交易的严格管理导致了泡沫的破灭。

但是消费方式是不会轻易改变的。泡沫经济破灭至今已有二十多年，但是热衷消费的中流阶层式的消费方式还是占主流。这是因为占15~64岁的生产年龄人口55%的40岁以上的人群喜欢消费。他们的消费习惯是利用贷款或借款提前消费。但是剩下的45%的30岁以下的人群习惯量入而出，呈现出不热衷消费甚至是讨厌消费的倾向。特别是其中的在1979—1983年出生的"泡沫后世代"。而如今，正是这群人领导着消费，讨厌消费的人渐渐成为消费者的主流。也就是说他们是如今消费需求的主体。虽然这部分人是喜好消费的中流阶层的子女，但是他们却显示了和以往世代完全不同的消费水平和消费模式。

人类的行动通常由价值意识驱动，而价值意识的形成受多方面的因素影响。首先，社会上或家庭中发生的事情会通过母亲的心理变化，无意识地影响1岁以前的婴儿。以此为基础，初高中时孩子会渐渐形成部分脱离父母影响的自身的价值意识。这时，同年代出生的共同的时代体验大大影响着价值意识的形成，成为共同的基础。比如，在没有媒体的时代，共同体验仅限于有限的阶层，因此无法形成大众社会。同一年代出生的人们拥有相同的消费水平和消费模式是外在及潜在的价值意识相同的缘故。

如今在日本，主要的世代有15个，依次为"大正世代""昭和前十年世代""战争废墟世代""战时出生世代""团块世代""冷漠世代""后团块世代""断层世代""新人类世代""泡沫世代""团块二代""后团块二代""最低限度生活世代""宽松世代""觉悟世代"（参见表8-1）。

表8-1 日本各世代人群出生年份及特征

世代名称	特征
大正世代（1912—1926）	出生在大正时代。他们的学生时代是在大正末期到昭和时代的"二战"前，是最后一代接受非战时正式教育的一代人。小学时期接受修身课程，并接受尊皇等天皇制教育。受大正和昭和时期西化的影响，喜爱洋装、西餐。在战争遭受的牺牲最大
昭和前十年世代（1926—1934）	在世界恐慌中出生，在战争体制下度过了少年期。"二战"结束后，作为宝贵的青壮劳动力成为日本战后复兴的主要承担者
战争废墟世代（1935—1939）	在"二战"中度过了儿童和少年时期，经历了因战争带来的饥饿、贫穷及辐射之苦。有的人还经历过黑市。既接受了军国主义教育，也接受了民主主义教育，是拥有"二战"记忆的最后一代人
战时出生世代（1941—1946）	出生于"二战"期间。在空袭的威胁中度过了儿童时期，"二战"结束后升入小学，整个小学时期都处于战后的混乱中。很多人初中或高中毕业后就进入社会工作，升入大学的人较少。之后大学入学率渐渐上升

续表

世代名称	特征
团块世代 （1947—1949）	在第一次婴儿潮期间出生，出生于"二战"结束后不久。他们共同经历从日本经济的高度增长、泡沫景气到日本经济开始"失去的二十年"。这一世代人口最多，因此对社会影响很大。他们最先开始拥有时尚的概念，男性爱穿牛仔服，女性爱穿迷你裙，他们喜爱娱乐和开车兜风。从2007—2009年，这一世代到了退休年龄，有超过200万人一起退休，给社会造成很大的影响，甚至被称为2007年问题。以此为契机，日本政府制定了"改正高龄者雇佣安定法"以促进从退休年龄到65岁的续聘问题
冷漠世代 （1950—1964）	在学生运动走下坡时迎来了成人礼，不关心政治。对社会上发生的事情也不关心，总是以旁观者的眼光看待周围发生的事情。他们共同经历了第一次石油危机
后团块世代 （1950—1955）	比团块世代晚了几年出生，也可以归入"冷漠世代"和"断层世代"中，他们的光芒被"团块世代"掩盖，存在感不强。婴儿潮的余热一直持续到20世纪50年代前期，所以这一世代的人同样出生率高，人口众多。三种神器开始普及
断层世代 （1951—1960）	第一代御宅族。断层世代喜欢消费，会贷款购物，消费水平高。但是，越往后的世代消费支出越少。而且，断层世代的消费集中在汽车、影音设备、海外旅行等方面，后面的世代对这些的关心也越来越少
新人类世代 （1961—1970）	他们拒绝承担作为社会一员的责任，他们为人父母是在20世纪90年代，彼时社会上对教育和公务员非常不信任，他们中的一些人引起了"monster parent问题"
泡沫世代 （1965—1969）	他们在泡沫景气时就职。出生于高速经济增长后期，彼时由于经济发展带来的公害问题日益严重，进而上升为社会问题。在他们的初高中时期，校园暴力事件创下战后最高纪录
团块二代 （1971—1974）	出生于1971—1974年第二次婴儿潮时期，人口仅次于团块世代。小学时期校园暴力严重，校园霸凌和学生拒绝上学成为社会问题。从初中到高中是泡沫经济的鼎盛时期。因人口较多，从小升学压力大，大学、专科毕业生遭遇就业难，因此也被称为"不走运世代"
后团块二代 （1975—1979）	团块世代的子女一代。这一代人在20世纪90年代后期开始参加工作，彼时正是IT行业发展的阶段，因此他们成为新的网络文化的承担者。他们在高中时代就开始接触网络手机
最低限度生活世代（1980—1988）	又称泡沫后世代。出生于昭和末期，在他们小学时泡沫经济破灭，在初中时发生阪神淡路大地震，他们大学毕业时又遭遇就业冰河期，是诸事不顺的一代。因此，他们喜欢夸大未来的风险，也喜欢抑制消费，将钱储存起来以备将来的不时之需。随着非正式员工越来越多，保证最低限度生活水平的消费方式既是这一代人主动的选择，有时也是他们不得不做出的选择

续表

世代名称	特征
宽松世代（1987—2004）	2002年，日本实行教育改革，减轻学生负担，每周有两天休息日。接受这样教育的人被称为"宽松世代"。这一代人没有感受过日本经济的好景气，比较倾向追求踏实、稳定的生活。他们不会被流行趋势所左右，消费时会选择让自己舒服的、与牌子相比更注重实用性的商品
觉悟世代（和宽松世代同期）	"觉悟世代"的特征是"没有欲望""对恋爱不感兴趣""不去旅行"等。他们休息日多半在家中度过，不浪费，不和合不来的人相处

在日本，世代交替使消费水平和消费模式发生变化。从家计调查统计的"2人以上的工薪家庭"的"可自由支配的消费"比率来看，呈现出年轻时消费大于收入，而年老时消费低于收入的传统倾向。20~30岁人群的年轻世代单身家庭的平均消费倾向较低，且与他们的父辈比起来，更喜欢把钱存起来，表现出了量入为出的谨慎消费状态。他们喜欢储蓄的原因大致可以分为两个：一是对未来的不安，二是由此认为支出一定会大于收入。他们与自己的父辈相比，退休后的平均寿命更长，这就使得老年生活的必要支出增加。而社会保障水平降低以及年金等收入的减少，又使他们预测到医疗支出会增多。

由于政府财政赤字越来越大，因此做出这样的预测也是理所当然的。另外，消费税负担的加重也促成了这种预测。因此，即使收入和他们的父辈相同，但是他们预测支出会增加，因此消费水平由此降低。

这一点由"生命周期收入假说"就可以进行简单说明。预测收入比父辈低而支出比父辈高的话，消费水平自然会低于父辈。

他们认为，事实上，根据收入改变消费水平并不是明智之举，应该看清现在和将来的情况，以维持稳定的消费水平。即使现在有可以用于购物的收入，但是如果将来收入会下降，那么与其满足眼下的消费欲望，不如将钱存起来，用于以后的消费更为合理。因此，这部分人即使短期收入上升，也不会马上用于消费，他们会牺牲当下的消费欲望，满足于将来。

仔细分析泡沫后世代人群低估自身收入的原因，可以推测出三个时代背景。

第一，日本经济形势不乐观。企业效益普遍较差，企业工资低。另外，

1998年以后,薪金的年功序列制体系瓦解,转为由能力来决定收入,因此不能保证未来的收入一定比现在高。再加上,如果对工作单位的未来发展不乐观的话,那么他们一定会预测自己的收入将低于父辈。

第二,对自身不自信。不管日本经济和工作单位效益如何,只要对自己的能力有自信的话,对未来也会持乐观的态度。但是他们恰恰对自身没有自信。他们在应该获得"勤奋"特质的小学阶段,遭遇了校园霸凌,没有和朋友一起做成某事的经验。结果可以想象,他们非但没有学会勤奋,反而产生了低人一等的感觉。虽然校园霸凌在他们的父辈年少时就有,但是与父辈时期的欺负方和受欺负方是固定的不同,这一时代欺负方和受欺负方会经常改变,有时自己的亲密朋友也会突然变成欺负方。因此,他们成为第一代认为"必须特别提防朋友"的人群。自然,和这样的朋友是不能为了共同的目标而努力的。虽然有心理学家指出,低人一等的感觉也是一种让人成长的能量,进入社会后可以通过工作转变为自信。但遗憾的是,由于日本整体经济处于长期低迷,因此并没有给这一世代的人提供这样的机会。

第三,很难形成自身的工作规划,因此他们很难预测自己将来会由于工作晋升带来收入的增加。从心理学的角度来看,他们的"个体同一性"意识薄弱。这是由于在他们成长的30年间,日本社会长期处于动荡和不安。以1980年出生的一代人为例,在小学低年级时日本处于泡沫经济时期,每个人的生活都十分优越,每个孩子都过着小王子小公主的生活。但是小学高年级时,泡沫经济破灭,有的家庭破产,有的父母离婚,家人分离。在他们上初中二年级时,日本发生了阪神淡路大地震,地铁沙林毒气事件;高中二年级的时候,日本企业放弃日本式经营,转为实力主义。社会上提倡竞争,学校里霸凌日常化。当他们毕业走上工作岗位后,小泉改革开始。曾经有一段时间堀江贵文和村上世彰成为时代的英雄,大受追捧,而后来,他们又因违反证券交易法被起诉,一下又掉下神坛,成为社会的反面典型。之后,日本政权频繁交替又增加了社会的动荡感。社会意识常常从一个极端走向另一个极端,会削弱个体同一性。

消费支出的减少会带来储蓄的增加。日本总务省"家计调查"的数据显示,2009年平均消费倾向是74.5%,剩下的25.5%可以理解为大部分是储蓄存款。另外，1980年25~29岁人群的平均消费倾向为78.5%，到了2010年降为72.2%。特别是泡沫后世代的年轻人出现了平均消费倾向低下、储蓄率上升的倾向。

8.1.4 新消费模式的特点

近年来，消费需求变化的本质是由于消费者世代的更替导致消费水平下降，消费模式发生了质的变化，呈现出三个特征。

第一，"三不主义"的选择标准。在选择商品和服务时，坚持以"不浪费""不勉强""不冲动"为原则。具体阐述就是，选择能够最低限度满足自身需求的东西，根据自己的身份和收入选择在自己购买能力范围内的商品，以及不贸然贷款购物。泡沫经济破灭后还一直保持很好销售业绩的时装和箱包等进口大牌，在美国次贷危机和311东日本大地震后，除个别名牌外，大多销售业绩下滑。尤其是，购买名牌的主体如今过渡到20世纪80年代以后出生的泡沫后世代，他们更是将购买这些名牌商品看作浪费的超出自己能力范围的冲动购物。

第二，泡沫后世代形成了新的消费潮流，特别是在东日本大地震后引领了其他年龄层消费者的消费。四五十岁的中年男性从习惯开车变为骑车，降低更换家电的频率等，一部分喜欢消费的人群也明显受到他们的影响。而比他们年轻的宽松世代又继承了他们消极消费的风格。

第三，对汽车、家电、住宅、海外旅行等昂贵的可选择性耐用消费品以及服务的消费热情大大下降。以汽车为例，越来越多的年轻人为了环保提倡不开汽车。据日本汽车工业会的统计，1997年至2007年的10年间，20多岁男性的汽车非持有率从15%上升为26%。

无论什么样的商品都会经历导入期、成长期、成熟期和衰退期，从普及率曲线来看通常会被称为S曲线。日本全国消费实态调查显示，2009年在日本汽车的普及率是85.5%，比2004年的86.2%减少了0.7%。很明显，汽车这一商品在日本已处于成熟期或衰退期。但如果汽车这一商品的价值发生改变，通过技术革新产品更新换代的话，那么会出现"脱成熟"现象。从消费者的角度来看，即使持续购买同一种商品，其购买动机也会随着购买者的年龄和所处的社会环境的变化而发生改变。松田（2009）将现代日本人购买汽车的动机分为四个阶段。第一阶段是资本主义的萌芽时期，在这一时期汽车还是少数高收入者才能购买的奢侈品。第二阶段是资本主义的发展时期，在这一时期，汽车是成功的标志。第三阶段是资本主义的成熟时期，在这一阶段拥有汽车已不再是梦想，人们更多地期待汽车的功能。第四阶段是富足时期，在这一时期，汽车只是一种交通工具。20世纪60年代，日本处于第二阶段，美国处于第三阶段。在日本，进入21世纪以后，每一代人购买汽车的动机都不同。1980年以后出生的泡沫后世代明显处于第四阶段。在他们眼中，汽车只是一种可以提高工作效率的工具，因此，当别的交通工具更有效率时，他们自然就会放弃购买汽车。

8.1.5 新的消费潮

泡沫后世代带来了三个新的消费浪潮。第一是感性消费。他们在选购昂贵的耐用消费品时非常理性，而在购买时装、饮料、食品等商品时则是冲动购物。因为这些商品价格较低，即使选择失败，付出的代价也比较小。

第二是安全安心的消费。东日本大地震和福岛核电站爆炸事件发生后，安全和安心成为消费者最重视的因素。特别是对食品和饮料的安全性的追求。地震后一度出现了囤积饮用水等商品的行为，成为社会问题。主要购买人群有两类，一类是婴幼儿的母亲，一类是老人。这是由于媒体大肆报道放射线对身体的害处，而没有报道该如何应对。看到别人排队买，自己也就排队购买。这种依赖体现在年轻人的身上，具体表现为消费参考网络排名，如果没有网络的介绍的话，甚至都选择不了要购买的商品和要就餐的餐厅。

第三是社会关系消费。从家计调查的项目来看，出现明显增长的是"捐款"。从218日元增长为2089日元，增长了858%。东日本大地震后，在博客和推特上一度出现过互相攀比谁的捐款多的现象。从中可以看出人们不再只注意自身的利益，还想为社会做出贡献。不仅如此，还可以发现越来越多的人希望通过消费增强与他人之间的联系。与他人共享住房、汽车不仅仅是为了分担费用，更多的是希望通过这种分享增强与他人之间的联系。社交网络服务日益普及，使人们更容易与他人产生联系，另一方面传统的地缘、血缘等联系又在日益淡薄。取而代之的是人们想通过商品和服务维系与他人之间的联系，这也是对商品和服务的新的期待。

除了以上三点，还有一点，即重基础性消费。家计支出主要分为两类，一类是不受收入高低影响的衣食住等必需的"基础性消费"，另一类是容易受收入高低影响的"选择性消费"。传统的消费者追求进口名牌、电视、汽车、住宅、海外旅行等选择性耐用消费品和服务的支出，并认为这些选择性消费增多是富裕的表现，有时甚至为了选择性消费不惜削减基础消费。有些人甚至为了还购买那些选择性消费的贷款而努力工作。这是一种牺牲日常生活享受非日常生活的消费。但这一消费行为只发生在对日本未来经济和自身持乐观态度的消费者身上。东日本大地震后，领导社会消费潮流的世代，更愿意享受每天的普通生活，不会为了昂贵的商品贷款。另外，家电的普及一直被认为把人们从繁重的家务劳动中解放出来，非常有意义，但是现在在日本，一些年轻男性逐渐远离一些家电。他们认为做家务很有意思，有些泡沫后世代男性认为打扫卫生很有意思，"把屋子打扫干净后整个人神清气爽"，"把餐具洗干净、摆放整齐让心情很愉悦"。和在外就餐相比，他们更愿意稍微加工一下方便食品在家享用。

如今在日本，无论男女，年轻人中产生了要和家务和平相处、享受家务的倾向。

8.2 通货紧缩阶段消费模式的形成条件

8.2.1 归属感减弱

非正式员工增多，意味着越来越多的人不再归属于某个集体，表明个人在社会中的孤立化倾向日益严重。

自明治时期以来，日本国民就有共同的目标，那就是现代化和富国强兵。战后，虽然国家主义性质被否定，但是又出现了新的共同的目标，那就是经济大国、经济高速增长以及中流化。只不过共同体发生了转变，战前是军队，战后是企业。企业属于生产共同体，企业员工则形成了"消费共同体"，更像是一种家庭的形式，这两种共同体互相作用，推动社会向前发展。这两种共同体增强了日本国民的归属感。后来，经济的高速增长给消费带来了巨大的影响，相继出现了"三种神器""私有住房""私家车""白领阶层"等新的消费概念，人们纷纷进行各种消费。"消费是美德"和"商品越大越好"的观念也渐渐深入人心。

随着非正式雇佣人员的增多，公司已经越来越难成为人与人沟通交流的平台了。这也是分享型生活方式成为必要的一个社会背景。

1990年，日本非正式雇佣的劳动者占全体劳动者的20%，到了2000年增长为26%，2005年以后增长为33%~34%。雇佣出现了不稳定及流动化的趋势。非正式雇佣的增加自然是由日本经济长期的不景气造成的，还有一个原因源自数量少品种多的生产方式，要随时根据消费者的爱好改变生产内容。因此，如果聘请正式员工，当产品滞销、供大于求时就会造成劳动力的浪费，而产品畅销、供不应求时又会造成人手不足。这样一来，不如在需要增派人手时聘请非正式员工更有工作效率。非正式员工在想要买房时银行不会批准贷款给他们，而想要租房，一般也会不符合租房要求，因此对于他们来说最好的办法就是一直住在自己父母的家中，否则很有可能没有住的地方。当然，如果是简陋便宜的公寓的话，也可能会通过租房资格审查，但是这样的公寓实在没有舒适度可言，相比之下还是合租房更好一些。

在这种不稳定的雇佣环境中，分享型的生活方式无疑更符合现代人的需求。

8.2.2 信息社会的发展

物质的丰富可以使人们通过占有物质达到某种满足，一个人占有的稀有物质越多，他的满足度就越高。但是信息则不具备这一特性，私自占有、储存信息没有意义，信息如果不经过传递，不与他人共享的话，信息带来的快乐和意义就会消失。这正是信息和物质的最大的不同。因此，随着信息化的进展，人们更在意的是如何通过信息的交换寻找快乐，而不是向他人吹嘘自己占有了多少信息。

随着信息化手段的不断更新，人们可以把生活中发生的点点滴滴通过脸书、推特等社交软件发布在网络上，达成信息共享。

据日本内阁府的"社会意识舆论调查"，从1986年以来，想要为社会做出贡献的人明显增多了。而认为"比起个人利益，全体国民的利益更重要"的想法也从2005年以后开始增加。认为"今后更应该把目光投向国计民生"的想法从泡沫经济后期开始增加，2005年后有此想法的人数超过了半数。另外，2000年后，非营利组织（NPO）的数量也增长明显，到2012年已经超过4万家，从另一个侧面表明越来越多的老百姓开始关心如何对社会有所贡献。

这种由利己向利他的转变，可以说是由私人占有向立志服务于社会的转变。在这一时期，人们不再崇尚通过不断占有物质而获得幸福感的私有主义了，而是主张通过增强与他人之间的联系来寻找快乐，是一种主张分享的行为以及价值观。这正是这一时期，人们消费行为的基础。

人们会购买自身特别想要的消费品，但对于那些可有可无的商品，不再会因为身边的人拥有于是自己也想购买。人们的消费心理变成了不购买不需要不急需的商品。能够通过租赁解决的商品就通过租赁的方式解决。可以共享的东西就尽量共享。当然，这并不意味着这一时期就完全否定私有和个人生活。但是人们发现有很多诉求通过私有和个人生活不能实现，反而可以通过分享型的行动来得以消减。这样的倾向在东日本大地震后表现得更为明显，可以说东日本大地震加速了脱离私有主义的进程。因此鼓吹增加私有财产的生产销售模式将越来越失去立足之地。

主张共享的消费者提倡多人共同拥有、使用一件消费品，不能共同拥有时就用租赁的方式解决，或者利用二手店、对旧物重新利用等方式解决，完全主张生态环保，扩大了避免浪费、主张朴素的生活方式的影响。为了实现这样的生活，人们开始重新审视日本传统的生活方式，如夏季不使用空调而用帘子阻挡室外的热气和紫外线，在院子里或门前泼水降温等。如重新唤起人们的民族自豪感。随着对本民族自豪感的加强，与物质极度丰富的大城市生活相比，人们更愿意去农村与自然亲密接触。主张分享的消费者更注重人与人之间面对面的交流。

人们能从信息交换中得到快乐，因此购物的欲望就减退了。从购物中获得的满足大多在购买的瞬间是最大的，随着时间的流逝，这种满足感会慢慢减退，最终会感到空虚。而通过交换信息得到的满足，在交换时达到最大，之后也不会减退。这种快乐会随着交换逐渐扩大，并得以继续。无可厚非，比起随着时间的流逝会慢慢减退的快乐，人们更愿意购买那些会增值并持续的快乐。

信息化的发展也确实能进一步加强分享，因为人们通过网络可以很轻易地完成信息的交流和共享，同时也能完成具体物品的分享。可以说信息化是促进分享意识得以发展的基础设施。

信息化对消费的具体影响，首先就是随着人们通过网络购物，去百货商店购物的人越来越少了。

崇尚分享的价值观并不追求与他人的不同，反而追求与他人之间的联系。即不炫耀自身与他人的不同，而通过寻找与他人的共同性来创造出某种联系。但，分享也不意味着追求同一性。崇尚分享的价值观必须在个人主义价值观得以普及的基础上才能真正普及。现代的分享主义，并不是人人均等的集体主义，反而承认并尊重人与人之间的不同才是崇尚分享的大前提。当然，物质的极大丰富也是一个不言而喻的前提。只有当人拥有多余的衣物和生活用品时，才会把自己不需要的东西让给需要的人，使那些东西发挥应有的价值。

8.2.3 对幸福的不同理解

无论在哪个时代，人们都是要追求幸福的。在日本的消费史上，曾经出现过认为买车买房就是幸福的时代。但到了现在这一时代，从买车买房中人们已经感受不到幸福了。那么这一时代的幸福是什么？一言以蔽之，应该是"与他人之间的联系"吧，或者说是人际交往、人际交流。购物不再是向他人炫耀的手段，而是通过购物促进和他人之间的交流，这种消费心理在进一步扩大中。也可以说正是因为非正式雇佣的增加，和公司之间的家族式关系的破灭，才使人们越来越重视和他人之间的长久的联系。年轻人不再重视购买商品的消费，只要能够建立和他人之间的联系就可以。于是造成了消费欲望逐渐降低的事实。

另外，分享型生活方式得以流行的背景是单身趋势。据日本国立社会保障人口问题研究所的预测，日本1990年出生的女性终身未婚率[①]将达到23.5%。而女性离婚率也显示出越来越高的趋势。1955年出生的女性到50岁时的离婚率为18.4%，而1970年出生的女性到35岁时的离婚率已经超过18%，如果照此趋势发展，1990年出生的女性到50岁时离婚率将会超过36%[②]。1990年出生的女性到了50岁时，将会有23.5%的人未婚，剩下的76.5%的人中36%会离婚。总计共有51%的人是独身或成为单身妈妈。而到了她们60岁、70岁时，丧偶的人会进一步增多，独自生活的人就更多了。可以预见，今后越来越多的女性在经济上不再依靠男性，此时那种分享型的生活方式也可以说成为女性生活的保护伞，是一种对人生的保障。

当然，对男性来说同样如此。单身率和非正式雇佣率的提高，也使分享型生活方式的必要性增加。日本社会普遍认为，单身啃老族的老龄化将会成为社会问题。1990年，35~44岁的单身男性啃老族占比仅仅8.1%，而到了2010年增长为19.9%，女性由3.3%增长为12.2%。大量的单身啃老族今后也不太可能结婚，甚至还有一些已婚人士又回到父母身边成为啃老族，因此可以预见，30年后，当他们的父母去世，又会增加很多70岁左右的单身人群。2010年，单身家庭的半数为50岁以上的人群。预计到2030年，单身家庭将超过1800万户，其中67%为50岁以上的人群。可以说会出现"一亿总单身社会"的情况。

8.2.4 新的通信方式带来的变化

在这一时期，传统的媒体面临了很大的挑战。特别是东日本大地震发生后，更多的信息通过脸书、推特等网络社交媒体（SNS）公布于众，不仅有灾情报道，还有灾后的救援等各种各样的信息。而与此相对，传统媒体的官方报道往往会引发民众的不满。究其原因，主要是传统媒体的报道是单向的，而网络社交媒体是双向的，信息的传递者和接受者并没有明确地区分，通常很多人同时传递、接收信息。虽然有很多信息并没有什么价值，但从利用的人数和利用的频率来看，无疑如今的主流媒体不再是传统媒体，而是网络社交媒体了，每个人都成为信息传播的主体，以此增进了人与人之间的联系。

---

① 终身未婚率是指到50周岁还未婚的比率。
② 岩泽美帆.初婚·离婚的动向和对出生率的影响[J].人口问题研究，2008（12）：19-34.

社交网络媒体的发展也给城市结构和国土结构带来了影响。

那么在这样的时代，消费又将何去何从呢？消费的英文是 consume，字典中对它的解释是"消耗、花费、耗尽；吃完、喝光；烧毁"等，con 是"所有、一切"的意思，sume 是"除去、除掉"的意思。诚然，在物质不丰富的时代，人们的主要消费对象是食物，而且生产出来的东西最终被用掉、吃光了。

而到了物质丰富的时代，耐用消费品增加，不再是一个吃完用光的社会了。

另外，还有一个词和 consume 词义接近，那就是 consummate，其中文意思是"完成"，也有其形容词性的含义，即"完全的、成熟的、娴熟的"等意思。

这一时期的消费从单纯的物质消费，转为真正的服务消费。但这种服务消费并不是一方付钱单向享受另一方的服务，而是通过消费寻求与他人之间的联系。因此在进行服务消费时，服务本身自然很重要，但是更重要的是从谁那里接受了服务。

另外，这一阶段，人们的环保意识增强，可持续的生活方式备受推崇。所谓可持续的生活方式就是长时间、不浪费。这就要求给生活提供必要的价值，商品要具备基本功能，质量要好。

8.2.5 "失去的二十年"对人们消费心理的影响

世代交替会使消费需求发生质的转变，而供给却没有发生太大的改变，这就导致了需求和供给的不平衡。正是这种供给的不匹配导致"失去的二十年"。

日本 1989 年股价达到峰值、1991 年地价达到峰值以后，人们逐渐持续感受到日本经济的不景气。但是，调查数据显示，泡沫经济破灭后，还是出现了好几次的景气循环。特别是 2002 年 2 月至 2009 年 3 月持续长达 86 个月的被日本政府公认的"伊邪那美景气"，超过了战后最长的 20 世纪 60 年代后期长达 57 个月的"伊奘诺景气"。但是，这一时期，人们却感受不到经济的好转，原因有三。一是这一时期，年均实际经济增长率虽然有 1%，但名义经济增长率却只有 0.4%。实际增长率是把物价等因素考虑在内的，而名义增长率却没有。一般的老百姓在日常生活中的实际感受恰恰和名义经济增长一致，不会去考虑物价的问题。无论物价如何下降，一万日元就是一万日元。因此，人们感受到的是公司销售额停滞、管理岗减少、招聘岗位和公司职员的减少这些具体的事件。另外还有一个事实是，随着日本企业导入能力主义薪金制度，同一世代的收入差距拉大。二是收入完全没有增长。家计调查显示，"2人以上工薪家庭"的平均月收入在1997年时达到了最高，为595 214日元，这一年日本的消费税由3%提高到5%。之后，除2008年外，收入逐渐减少，到了2010年为520 692日元，比1997年减少了74 522日元，减少12.5%。换算成年收入的话，从714万日元减少为624万日元，减少了90万日元。这一阶段，物价持续下跌，消费者的实际购买能力还是增加的，但由于收入没增反减，因此普通老百姓完全感受不到日本经济竟然维持了长达86个月的景气。三是与其他国家之间GDP的比较。日本的GDP和美国之间的差距越来越大，2010年又被中国赶超。而在20世纪80年代的时候，日本的经济总量差不多是美国的一半，人均GDP更是超过了美国以及欧洲各国，达到了世界第一。在泡沫经济时期，东京23个区的地价总额甚至能够买下整个美国。从战前日本的经济规模只占美国的十分之一来看，赶超的速度是惊人的。当时的日本甚至认为，到了21世纪能够追上美国。但是2010年日本的经济规模只相当于美国的三分之一，同时世界第二的经济大国地位也拱手让给了中国。正是这些比较，让人们切身感受到了"失去的二十年"。即日本的名义GDP几乎停滞不前，个人收入持续减少，国际地位和竞争力下降。成人以后经历泡沫经济的一代人，一定比其他年代出生的人更能感受到那种失落感。

具体分析，在这一时期导致消费低迷的原因主要有以下五点。

第一是对未来不安的心理。据统计，泡沫经济破灭，由于经济低迷造成的经济损失高达127万亿日元，1个家庭平均259万日元[①]。但是，失去的不仅仅是经济损失，也有社会、文化层面的损失，即对未来和社会的乐观的展望以及对未来的自信。

泡沫经济破灭后，虽然从1991年至1997年，收入还是处于上升期，但是这并没有成为促进个人消费的动力，从需求角度看，主要是由消费者对未来不安的心理造成的。泡沫经济破灭后，日本经济笼罩在不透明之中，雇佣的不稳

---

① 松田久一.「嫌消費」不況から脱出[M].京都：PHP研究所，2012.

定，收入的减少和财政赤字的增加，年金等社会福利水平的下降，都使人们对未来越来越感到不安。由此导致人们抑制眼下的消费，主要是由于心理层面原因减少了个人消费。

第二是社会需求的抑制。在这一时期占GDP15%的企业的设备投资减少现象。由于泡沫经济破灭，产生了大量的不良债权，银行贷款被抑制，企业普遍积压了很多债务，因此投资受到抑制，结果社会总需求减少。或者由于不良债权处理不及时，影响了企业间的合作，经济活动水平低下，从而也抑制了社会总需求。另外，日本政府当局在"广场协议"的精神下，使泡沫经济现象得以发生，使应该软着陆的地方发生了硬着陆现象，再加上不能迅速处理不良债权问题也导致了日本经济处于长期低迷，这种观点把原因归结于政府决策的失误。

第三是结构改革的推迟。大多数企业在泡沫经济破灭后仍然维持原有雇佣规模，由此，企业生产率低，从而导致整个日本的生产效率低下，引起了经济增长率的低下。让很多债台高筑、振兴无望的企业仍然苟延残喘，缩减了对经济增长会做出贡献的新企业的投资。另外，在日本有三个过剩，即设备过剩、雇佣过剩和债务过剩。但是政府相继出台维持需求政策，日本银行也维持缓和金融政策，延迟了生产效率低的企业的结构改革。这也带来了经济长期的低迷。

第四是收入减少。持续多年的个人收入的减少导致了个人消费的减少。导致收入减少的原因很多，如经济长期得不到增长，以终身雇佣制和年功序列制为特色的日本式经营的崩塌，劳动分配率低下，因老龄化导致退休人员的增多以及非正式工雇佣人数的增加等导致收入差距加大。

第五为通货紧缩现象。物价持续下跌带来消费需求不足。另外，15~64岁生产年龄人口的减少使经济的潜在需求规模缩小，带来了低增长。

第六是供需不平衡。包括消费需求不足、消费需求饱和及供给不匹配。消费需求不足是指日本经济的长期低迷，是由供给过剩而需求不足导致的需求型经济低迷。虽然拥有充足的生产能力，但是消费者的消费欲望低，因此企业无法通过产品的更新换代唤起新的消费需求，也就无法引起企业投入设备投资，由此导致经济长期低迷。第二个消费需求饱和是指，企业无法创造出新的消费需求，而积存的产品已饱和，使消费需求受限，导致经济低迷。第三个供给不匹配是指，一方面企业为了维持原有的长期雇佣和供给链，在经济不景气的情况下，即使工人过剩、设备陈旧，仍然努力维持；而另一方面，消费者的需求呈现出多样化的趋势，企业无法对此做出快速的反应，因此导致实际供给不足的状态长期化，由此陷入长期低迷。

家计调查显示，两人以上的工薪家庭的平均消费倾向，显示出年龄层越高平均消费倾向越高的趋势。而60~65岁年龄层人群的消费支出金额和20多岁、30多岁的人差不多。再加上医疗费、社会福利相关的公共费用等的支出，老年人的间接支出甚至更多。如果各年龄层的收入保持不变，那么老龄化有可能会带来消费支出的增加，可以抵消人口减少带来的消费支出的减少。而且，从现实来说，为环保购买混合动力车和大型液晶电视机的主要人群也是集中在50~60岁。因此，并非老年人就没有购物欲望。现在60多岁的人就是使消费社会得以诞生的"团块世代"。

人口和经济的关系不能简单地总结为"人口决定经济"，二者之间实际上是一种非常密切的相互依存和相互作用的关系。一方面，生产人口减少必然会导致消费者减少，消费需求减少。但另一方面，生产年龄人口的减少使人均资本装备提高，带来劳动生产性和全要素生产性的上升，也会带来收入的提升，这可以抵消因人口减少带来的消费需求的减少的影响。

另外，人口减少带来需求规模缩小，这在各国实行封闭经济的时候很容易发生，但在开放的自由贸易时代是很难发生的。可以通过不同国家之间的贸易和人口流动、资本转移消除本国人口减少带来的不利影响，使彼此获益。大型消费商品生产商的海外销售比重加大的原因可以说是海外的需求可以补充国内需求不足。

通货紧缩阶段，日本消费者追求可持续的生活方式，从利己转变成利他，从私有变为共享，注重人与人之间的联系。他们崇尚日本文化，并将日本文化与节能环保结合了起来。环保意识更增强了日本人的民族自豪感，一定程度上弥补了第二经济大国的地位被中国赶超的失落。

这一时期的年青一代消费者出现了平均消费倾向低下、储蓄率上升的倾向，表现出了量入而出的谨慎消费状态。这一点可以通过"生命周期收入假说"进行解释。由于他们预测自己未来收入低而支出高，因此消费水平自然会降低。

这期间消费模式发生了质的变化，呈现出坚持以"不浪费""不勉强""不冲动"为原则，消极消费，对昂贵的耐用消费品及服务的消费热情大大减少等特点。东日本大地震和福岛核电站爆炸事件发生后，安全和安心成为消费者最重视的因素。

形成以上通货紧缩阶段消费模式特点的主要原因可以归结为传统雇佣制度瓦解造成日本国民归属感减弱，信息社会的发展促进了共享消费的进程，新的通信方式促进了服务消费的盛行，经济的长期低迷使消费者失去信心而压抑物质消费等。

另外，在日本单身家庭越来越多，从整体的倾向来看，男女老少的差距越来越小。

9

结 论

9 结论

针对目前学界尚未对日本 1945—2019 年期间的消费模式的演变进行系统研究的现状，本书在消费函数理论的指导下，分五个阶段对日本战后的消费模式进行了考察。这五个阶段分别是战后经济恢复阶段（1945—1955）、经济高速增长阶段（1956—1973）、经济低速增长阶段（1974—1986）、泡沫经济崩溃阶段（1987—1997）和通货紧缩阶段（1998—2019）。

为了更好地研究日本战后消费模式的演变，本书首先对从江户时代开始的战前和战时消费进行了研究。结果发现，战前黜奢崇俭的传统消费规范、家长世袭制度以及善于将外来消费内容与日本文化融合的特点至今仍影响着日本的消费模式。从战后五个阶段的消费模式演变过程来看，收入对消费起着举足轻重的决定作用。另外，消费的主体从家庭变为个人。消费倾向从求大、求多、崇尚欧美变为追求个性化、多样化、名牌意识高涨，最终演变为无品牌意识、追求简单、崇尚本国文化。国民的价值观在其间也发生了很大的改变。战后到经济高速增长阶段，日本国民更重视家庭和公司，之后慢慢将消费重心转移到个人，而到了现阶段，更重视共享和人与人之间的联系。

除研究分析了日本战后各阶段消费模式的演变外，本书还分析了日本文化对消费模式的影响。通过分析发现日本消费者消费选择的多样化、消费标准的严苛化以及追逐流行、容易形成消费浪潮等消费特点均与日本文化有着密不可分的关系。

本书对日本战后消费模式的研究可以给我国提供相应的参考和借鉴，可以据此对我国今后可能出现的消费模式特点做出预见，并为我国未来构建适合中国国情的、可持续发展的新型消费模式提供宝贵的前车之鉴，使我们少走弯路。而从文化、跨文化角度对日本消费模式进行考察的尝试也将提供一种新的观察经济现象的方式。

随着经济全球一体化的逐步深入以及社会的进一步发展，日本的消费模式也必将呈现新变化，出现新问题。本书用已经存在的消费理论来分析消费现象，解读消费模式，对消费模式变革的思考和分析还显得粗糙，很难全面揭示消费模式的变化及内在规律。因此，还应进一步深入研究下去。在各阶段选取的消费现象、消费特点是否具备代表性还有待进一步商榷，对于日本文化对消费的影响也还缺少实证调查研究，这些都是今后需要继续研究的课题。

参考文献

［1］爱德华·霍尔.超越文化［M］.北京：北京大学出版社，2010.

［2］陈晓萍.跨文化管理［M］.2版.北京：清华大学出版社，2009.

［3］陈信康.新产业革命对日本消费变化的影响［J］.外国经济与管理，1985（03）：30-33.

［4］戴晓东.跨文化交际理论［M］.上海：上海外语教育出版社，2011.

［5］丁红卫，姜茗予.论日本青年消费行为与消费意识的变化［J］.中国青年社会科学，2016（06）：100-104.

［6］儿美川孝一郎，周国平.从青年消费行为看日本社会的未来形态：从勤奋走向优雅的平凡生活［J］.青年学报，2015（04）：85-89.

［7］凡勃伦.有闲阶级论［M］.北京：商务印书馆，2004.

［8］方圆.回归家庭：日本消费趋向［J］.经济世界，1994（09）：32.

［9］高鸿业.西方经济学［M］.北京：中国人民大学出版社，2007.

［10］韩若冰，韩英.日本"御宅族"的行为方式及其消费特征［J］.山东社会科学，2012（06）：157-159.

［11］韩若冰.日本动漫角色与角色消费研究［M］.济南：山东人民出版社，2015.

［12］加尔布雷斯.丰裕社会［M］.上海：上海人民出版社，1965.

［13］凯恩斯.就业利息和货币通论［M］.北京：商务印书馆，1963.

［14］林白鹏.中国消费结构学［M］.北京：经济科学出版社，1987.

［15］鲁思·本尼迪克特.菊与刀：日本文化的类型［M］.北京：商务印书馆，2004.

［16］马克思，恩格斯.马克思恩格斯选集：第1卷［M］.中共中央马克思恩格斯列宁斯大林著作编译局，译.北京：人民出版社，1972.

［17］马克思，恩格斯.马克思恩格斯选集：第2卷［M］.中共中央马克

思恩格斯列宁斯大林著作编译局,译.北京:人民出版社,1972.

[18] 马克思.资本论:第3卷[M].北京:人民出版社,1975.

[19] 马克思,恩格斯.马克思恩格斯全集:第42卷[M].中共中央马克思恩格斯列宁斯大林著作编译局,译.北京:人民出版社,1979.

[20] 彭明朗.日本消费模式初探[J].消费经济,1991(05):20-25.

[21] 桑巴特.奢侈与资本主义[M].上海:上海人民出版社,2005.

[22] 斯大林.苏联社会主义经济问题[M].北京:人民出版社,1961.

[23] 唐书祺.近代日本社会大众消费文化的历史考察[J].兰州教育学院学报,2012(5):32-34.

[24] 唐书祺.战后日本消费文化的历史变迁[D].重庆:西南大学历史文化学院,2013.

[25] 王启云.战后日本的消费调控[J].消费经济,1993(03):41-45.

[26] 武慧俊.当代中国消费文化研究[M].北京:中国农业科学技术出版社,2013.

[27] 吴易风,刘凤良,吴汉洪.西方经济学[M].北京:中国人民大学出版社,1999.

[28] 许纯桢.西方经济学[M].北京:高等教育出版社,1999.

[29] 许光.日本"厌消费"特质分析及对我国消费规制的启示[J].现代经济探讨,2012(12):80-85.

[30] 杨圣明.中国式消费模式选择[M].北京:中国社会科学出版社,1989.

[31] 尹世杰.中国消费模式研究[M].北京:中国商业出版社,1993.

[32] 尹世杰,蔡德容.消费经济学原理[M].北京:经济科学出版社,2000.

[33] 喻卫斌.90年代以来日本的消费调控及其启示[J].当代亚太,2001(11):60-64.

[34] 袁仕正,杜涛.日本经济高速增长时期的消费革命[J].学术研究,2010(08):123-128.

[35] 张东刚.战前日本政府消费支出变动的宏观分析[J].南开学报,

2001（06）：21-28.

［36］周殿昆.中国"资源性供给紧约束"条件下国家消费模式的合理选择［J］.消费经济，2006（05）：62-65.

［37］周叔莲.正确处理生产和消费的关系：兼论中国式的社会主义消费模式［J］.经济问题，1981（07）：13-19.

［38］周笑冰.消费文化及其当代重构［M］.北京：人民出版社，2010.

［39］左文明，莫小华，陈华琼.国内消费模式研究综述与展望［J］.经济管理，2015（2）：189-199.

［40］G.カトーナ.大衆消費社会［M］.社会行動研究所，訳.東京：ダイヤモンド社，1966.

［41］Markus, Hazel R, Shinobu Kitayama. Culture and the Self: Implications for Cognition, Emotion, and Motivation［J］. Psychological Review, 1991.

［42］Matsumoto, David. Culture and Psychology, Wadsworth［M］.京都：北大路書房，2001.

［43］Rothbaum, Fred, Miki Kakinuma, Rika Nagaoka, Hiroshi Azuma. Attachment and Amae: Parent-Child Closeness in the United States and Japan［J］. Journal of Cross-Cultural Psychology, 2007.

［44］アクロス編集室.ストリートファッション 1945—1995［M］.東京：パルコ出版，1995.

［45］池尾恭一.消費者行動とマーケティング戦略［M］.東京：千倉書房，1991.

［46］池尾恭一.日本型マーケティングの革新［M］.東京：有斐閣，1999.

［47］石川松太郎.女大学宝箱［M］.東京：東洋文庫，1716.

［48］岩沢美帆.初婚・離婚の動向と出生率への影響［J］.人口問題研究，2008（12）：19-34.

［49］岩田規久男.「不安」を「希望」に変える経済学［M］.京都：PHP研究所，2010.

［50］岩田規久男.スッキリ！日本経済入門－現代社会を読み解く15の

法則［M］．東京：日本経済新聞社，2003．

［51］MCR 統計，金顕哲．コンビニエンス・ストア業態の革新［M］．東京：有斐閣，2001．

［52］大竹文雄．1980 年代の所得・資産分配［J］．季刊理論経済学，1994，45（5）：385-402．

［53］大竹文雄．所得格差の拡大はあったのか［J］．学術の動向，2006（9）：60-63．

［54］大竹文雄．日本の不平等［M］．東京：日本経済新聞社，2005．

［55］大竹文雄，齋藤誠．所得格差化の背景とその政策的含意—年齢階層内効果、年齢階層間効果、人口高齢化効果［J］．季刊社会保障研究，1999，35（1）：65-76．

［56］小沢雅子．新「階層化消費」の時代 消費市場をとらえるニューコンセプト［M］．東京：日本経済新聞社，1985．

［57］オルテガ．大衆の反逆［M］．東京：中公新書，1966．

［58］加藤周一．日本文化の雑種性［J］．思想，1955：372．

［59］加藤周一．雑種文化—日本の小さな希望［M］．東京：大日本雄弁会講談社，1956．

［60］河合隼雄．母性社会日本の病理［M］．東京：中央公論社，1976．

［61］北原明彦．消費者行動論［M］．2 版．東京：創成社，2008．

［62］草光俊雄，真嶋史叙．欲望と消費の系譜［M］．東京：NTT 出版，2014．

［63］小塩隆士，田近栄治，府川哲夫．日本の所得分配 格差拡大と政策の役割［M］．東京：東京大学出版会，2006．

［64］斉藤正二．「やまとだましい」の文化史［M］．東京：講談社，1972．

［65］堺屋太一．団塊の世代［M］．東京：講談社，1976．

［66］堺屋太一．知価革命—工業社会が終わる・知価革命が始まる［M］．京都：PHP 研究所，1985．

［67］佐藤俊樹．不平等日本社会［M］．東京：中公新書，2000．

[68] J・クラマー.都市と消費の社会学［M］.京都：ミネルヴァ書房，2001.

[69] J・ボードリヤール.消費社会の神話と構造［M］.東京：紀伊国屋書店，1979.

[70] 篠原三代平.個人消費支出［M］.東京：東洋経済新報社，1967.

[71] 下川耿史，家族総合研究会.昭和・平成家庭史年表 1926—2000［M］.東京：河出書房新社，2001.

[72] 杉浦裕晃.日本経済を知る［M］.東京：八千代出版，2014.

[73] 瀬崎圭二.流行と虚栄の生成—消費文化を映す日本近代文学［M］.京都：世界思想社，2008.

[74] 高橋郁夫.消費者購買行動：小売マーケティングへの写像［M］.東京：千倉書房，2008.

[75] 竹中平蔵.あしたの経済学［M］.東京：幻冬舎，2003.

[76] 竹中平蔵.竹中先生、経済ってなんですか［M］.東京：ナレッジフォア，2008.

[77] 橘木俊詔.日本の経済格差［M］.東京：岩波新書，1998.

[78] 田村正紀.現代の流通システムと消費者行動［M］.東京：日本経済新聞社，1996.

[79] 田村正紀.価値消費［M］.東京：日本経済新聞社，2006.

[80] 田村正紀.マーケティング・メトリクス［M］.東京：日本経済新聞社，2010.

[81] 田村正紀.消費者の歴史［M］.東京：千倉書房，2011.

[82] 土居健郎.「甘え」の構造［M］.東京：弘文堂，1971.

[83] 中沢明子，古市憲寿.遠足型消費の時代［M］.東京：朝日新聞出版，2011.

[84] 中根千枝.タテ社会の人間関係［M］.東京：講談社，1967.

[85] 新倉貴士.消費者の認知世界：ブランドマーケティング・パースペクティブー［M］.東京：千倉書房，2007.

[86] 新村出.広辞苑［M］.7版.東京：岩波書店，2018.

［87］原山浩介．消費者の戦後史：闇市から主婦の時代へ［M］．東京：日本経済評論社，2011．

［88］平川祐弘．和魂洋才の系譜：内と外からの明治日本［M］．東京：河出書房新社，2016。

［89］深澤徳．思想としての「無印良品」［M］．東京：千倉書房，2011．

［90］藤岡和賀夫．さようなら、大衆―感性時代をどう読むか［M］．京都：PHP研究所，1984．

［91］藤岡真之．消費社会の変容と健康志向―脱物質主義と曖昧さ耐性―［M］．東京：ハーベスト社，2015．

［92］星野克美．全予測1990年 消費文化はこうなる―時代は万華鏡［M］．京都：PHP研究所，1989．

［93］牧厚志．日本人の消費行動―官僚主導から消費者主権へ［M］．東京：ちくま新書，1998．

［94］松田久一．「嫌消費」世代の研究［M］．東京：東洋経済新報社，2011．

［95］松田久一．「嫌消費」不況から脱出［M］．京都：PHP研究所，2012．

［96］間々田孝夫．消費社会論［M］．東京：有斐閣コンパクト，2014．

［97］三浦俊彦．日本の消費者はなぜタフなのか［M］．東京：有斐閣，2013．

［98］三浦展．第四の消費［M］．大阪：朝日新聞社，2012．

［99］三浦展．日本人はこれから何を買うのか［M］．東京：光文社，2013．

［100］村上泰亮，公文俊平，佐藤誠三郎．文明としてのイエ社会［M］．東京：中央公論社，1979．

［101］安田常雄．社会を消費する人びと［M］．東京：岩波書店，2013．

［102］安永武巳．消費経済学：日本の消費構造と需要予測［M］．東京：至誠堂，1960．

［103］山岸俊男．信頼の構造：こころと社会の進化ゲーム［M］．東京：

東京大学出版会，1998.

［104］山口貴久男.消費構造学入門［M］.東京：中央経済社，1994.

［105］山崎正和.柔らかい個人主義の誕生　消費社会の美学［M］.東京：中央公論社，1984.

［106］山本武利，西沢保.百貨店の文化史—日本の消費革命［M］.京都：世界思想社，1999.

［107］吉本佳生，坂本俊夫.禁欲と強欲—デフレ不況の考え方［M］.東京：講談社，2010.

［108］渡边尚志.百姓たちの江戸時代［M］.東京：ちくまプリマー新書，2009.

URL：

［1］日本财务省网站：http：//www.mof.go.jp/.

［2］日本国立社会保障・人口問題研究所网站：http：//www.ipss.go.jp/.

［3］日本内务府网站：http：//www.cao.go.jp/.

［4］日本总务省统计局网站：http：//www.stat.go.jp/index.html.